gutes leben
bene!

*Für meine Enkelkinder – ich hoffe,
noch viel mit euch zu erleben!*

Margot Käßmann

Schöne Aussichten
auf die besten Jahre

Inhalt

1. L'Chaim – auf das Leben 7

2. Von der Erfahrung, alt zu werden 33

3. Rückblick auf die Lebenswege 65

4. Von Liebe, Ehe, Trennung und Partnerschaft 117

5. Arbeit als Lebenssinn 147

6. Enkelglück 177

7. Auf der Suche nach dem gelobten Land 201

8. Abschiedlich Leben –
   eine Frage der Haltung 215

Seid getrost und unverzagt! 231

1. L'Chaim – auf das Leben

Mein 60. Geburtstag war ein wunderbares, fröhliches Fest. Ich denke sehr, sehr gerne daran zurück! Fast alle konnten der Einladung folgen, meine Familie, Freundinnen und Freunde, Menschen, mit denen ich gern zusammengearbeitet habe. Die Erinnerung daran lässt es mir heute noch warm ums Herz werden, schöner hätte ich es mir nicht vorstellen können. Ich bin rundherum dankbar dafür!

Meinen 40. Geburtstag habe ich im kleineren Familienkreis gefeiert. Die Kinder waren alle schulpflichtig, der Beruf als Generalsekretärin des Kirchentages stellte große Anforderungen an mich, da war die Energie zum Feiern begrenzt. Am 50. war ich gerade ein Jahr geschieden, nach einem Fest war mir nicht zumute. Der bischöfliche Garten war an diesem Tag von 11 bis 15 Uhr für Gratulanten offen, und am Samstag darauf habe ich mit Freundinnen eine kleine Gartenparty veranstaltet. Mit dem 60. war es anders. Meinen 60. Geburtstag wollte ich feiern, das Leben, das war, das Leben, das ist, und auch, was noch kommen mag!

Ich hatte große Lust darauf, alle Menschen, die mir

wichtig sind, zusammenzuholen. Da ist zum einen meine große Familie – meine Kinder mit ihren Partnern und meinen Enkeln, meine Schwestern mit ihren Ehemännern, Kindern und Enkeln. Mein Onkel, der gerade seinen 85. gefeiert hat, mit seiner Ehefrau. Sein Zwillingsbruder war leider krank geworden. Freundinnen und Freunde, Menschen, mit denen ich gern zusammengearbeitet habe und die so zu Vertrauten geworden sind. Und auch meine Nachbarn auf Usedom, wo ich seit 2011 ein Haus habe.

Da ich lange genug vorab eingeladen hatte, haben viele meiner Gäste die Reise nach Usedom mit einem Kurzurlaub verbunden. In Hessen war Feiertag, Fronleichnam. Aus Frankfurt, Gießen, Wolfhagen und Kassel kamen viele schon am Mittwoch vorher, manche haben eine ganze Woche Urlaub gemacht, andere kamen für das Wochenende. Und die Ostsee zeigte sich von ihrer allerbesten Seite. Alle konnten Strand und Sonne genießen, das war schlicht ein großes Glück. Es gibt auf Usedom zwar die meisten Sonnenstunden in Deutschland, aber diese können durchaus auch kühl sein, und garantiert ist ein solches Wetter Anfang Juni nicht.

Ich hatte Urlaub, war schon zwei Wochen vorher angereist, hatte Haus und Garten vorbereitet. Nach und nach kamen meine Töchter mit ihren Familien, meine Schwestern mit den ihren, Freundinnen und Freunde. Ein Schwiegersohn hatte die Idee gehabt, die Garage auszuräumen. Inzwischen ist es unter uns ein immer wieder im Raum stehender Witz, dass ich gesagt habe: Klar, das ist doch in einer Stunde gemacht. Denn es hat dann einen ganzen Tag gedauert. Wir hatten die Garage noch nie leer geräumt, seit ich das Haus gekauft habe, und stießen auf die erstaunlichsten Dinge. Eine alte Zinkwanne, ein Surfbrett sowie diverse Mäusenester! Das war der Mittwoch. Am Donnerstag war Zeltaufbau, Männersache. Ich hatte versucht, ein Zelt auszuleihen, was immens teuer gewesen wäre. Dann kam die Idee auf, eines zu kaufen. Das hat ein Drittel gekostet – allerdings ohne Aufbau. Sechs Männer, meinen 85-jährigen Onkel eingeschlossen, sind das derart systematisch angegangen, dass ich nur staunen konnte. Und sie hatten Spaß dabei! »Ein Gemeinschaftserlebnis!«, sagte ein Schwiegersohn. Er hat es dann sogar geschafft, das Zelt fünf Tage nach dem Fest bei eBay zu verkaufen – »guter Deal«, würde Donald Trump sagen.

Freitag lieferte die Inselküche Biertischgarnituren, Geschirr und Besteck. Meine Töchter Hanna und Lea radelten los und holten Blumen vom Feld, wir haben den ganzen Nachmittag dekoriert. Am Abend war das Haus dann schon rappelvoll. Viele Gäste kamen vorbei – zum Glück hatten meine Zwillingsonkel die Getränke für die Feier als Geschenk geliefert. Den beiden fühle ich mich besonders verbunden. Sie waren es, die 1947, im Alter von 14 Jahren, meine Mutter am Bahnhof von Rauschenberg abgeholt hatten. Hinter ihr lagen zwei Jahre Internierung in Dänemark. Im Forsthaus lebten da schon 24 andere Verwandte, so viele hatten hier auf der Flucht Zuflucht gefunden. Trotzdem haben sie auch meine Mutter freudig begrüßt.

Wir sind, seit ich denken kann, miteinander verbunden. Ursel, die Frau von Klaus, hat mir viel beigebracht: Vom Putzen bis zur Verkaufsstrategie! Wunderbar, nun beide hier zu haben.

Es war so ein lustiger Abend. Er wurde auch genutzt, das Gästebuch des Ferienhauses für die Einträge am nächsten Tag vorzubereiten – mit einer Sammlung der lustigsten Zitate von mir. Ich muss immer wieder lachen, wenn ich das lese. Kurz vor Mitternacht habe ich dann alle rausgeworfen – denn die ersten Kinder werden immer gegen sechs Uhr wach. Das bedeutet Aufstehen für alle in so einem kleinen, hellhörigen Haus.

Samstagvormittag sind wir alle an den Strand gegangen. Es war wunderbar, fast die ganze Geburtstagsgesellschaft hat sich da schon getroffen. Im Haus waren inzwischen 17 Personen untergebracht, und nach und nach wurde eine Sandkruste auf dem Fußboden spürbar. Die Kinder haben sich köstlich amüsiert, aber die Küche sah aus wie ein Schlachtfeld, und der Kühlschrank war völlig überlastet. Ich mag so ein Chaos – und genau diesen Satz haben meine Töchter mir dann mit vielen anderen Zitaten ins Gästebuch geschrieben.

Mit meiner ältesten Schwester Ursula konnte ich an diesem Morgen ein wenig schwimmen gehen. Die Liebe zum Wasser hat unsere Mutter uns mitgegeben! Das haben wir beide festgestellt, und auch unsere Schwester Gisela hat es bestätigt. Schön, wie uns manches verbindet. Unsere Mutter ist in Latzig bei Köslin aufgewachsen. Wenn Urlaub möglich war, dann hieß es: Ans Meer!

Nach der Strandzeit wurde versucht, alles so weit wie möglich aufzuräumen. Um 17 Uhr kamen die restlichen Gäste, alle haben sich auf verschiedene Weise am Fest beteiligt. Eine Freundin hat 60 Luftballons mitgebracht, andere haben geholfen, diese mit Helium zu füllen. Zu Beginn gab es ein Gruppenfoto – ein voller Garten, fröhliche Gäste, blauer Himmel, bunte Luftballons. Schöner kann es kaum sein. Nur einer meiner Enkel weinte bitterlich, weil die bunten Ballons weggeflogen sind. Und dann haben wir angestoßen mit einem Crémant, den meine Onkel aus dem Elsass mitgebracht haben. Sie waren dafür eigens in der Partnerstadt von Hinterzarten, wo Klaus lebt. »L'Chaim« – dachte ich, auf das Leben!

Mir gefällt dieser jüdische Trinkspruch, mit dem beim Essen oder bei Festen angestoßen wird. Da geht es nicht darum, dass alles gut ist. Es ist auch nicht dieses ewige: »Hauptsache Gesundheit«. Es ist ein Anstoßen auf das Leben mit allen Höhen und Tiefen, die dazugehören.

Schon als ich 59 wurde, dachte ich: Den 60. Geburtstag würde ich gern einmal richtig feiern. Es ist ein besonderes Datum, noch dazu, weil ich mit diesem Tag in den Ruhestand eintrete. Ich werde nicht noch einmal so groß feiern, aber es war großartig, ja perfekt.

Janice Love war aus Atlanta gekommen – sie hatte die weiteste Anreise. Ich habe gestaunt, von Atlanta nach Usedom! Das heißt erst einmal nach Amsterdam fliegen, dann nach Berlin. Und dann mit dem Zug vom Bahnhof Friedrichstraße nach Bernau, weiter nach

Züssow, bis auf die Insel. Echt ein Kraftakt. Aber sie hat gestrahlt und gesagt, es wäre ihr ein Vergnügen. Fünf Jahre zuvor war ich zu ihrem 60. in die USA geflogen. Wir kennen uns seit 1983. Eine wunderbare, lebenslange Freundschaft.

Meine Freundin Almut war mit ihren Töchtern und deren Partnern gekommen. Elke und Friederike kamen aus Berlin, Stefanie, Tina und Hanna aus Hannover, Annette aus Amsterdam, andere aus Leipzig, Limburg und sogar Wien. Einige mit Partner, andere allein. Es ist ein Zeichen für eine enge Verbindung, wenn Menschen so lange Wege für ein Fest auf sich nehmen, einzelne sogar auch nur für eine Nacht! Dadurch, dass das Fest auf mehrere Tage »gestreckt« war, konnte ich den meisten Gästen auch etwas länger begegnen. Wie schön, dass auch die Usedomer Nachbarn mit dabei waren, und es war gut zu sehen, wie leicht sich alle miteinander verständigt haben. Da gab es keinerlei Berührungsprobleme zwischen Ost und West! In einer benachbarten Pension waren die meisten untergebracht und haben das gemeinsame Frühstück gleich genutzt, um neue Kontakte zu knüpfen. Janice Love wurde gut integriert, alle haben für sie so gut wie möglich das Schulenglisch zusammengesucht.

Nach der Begrüßung kam das Büfett, das die Inselküche wunderbar arrangiert hatte. Anschließend haben meine vier Töchter eine Rede gehalten. Sie haben 60 lustige Begegnungen mit mir zusammengestellt, jede von ihnen hat zwei davon vorgetragen. Zum Beispiel die Geschichte, als ich auf die Idee kam, schnell einen Teppich für unseren langen Hausflur im Pfarrhaus zu kaufen, obwohl eigentlich gar keine Zeit dafür war. Zack, zack, wurde alles ausgemessen, und wir sausten los. Am Ende lagen jahrelang viel zu kurze Teppichabschnitte im Flur, über die unsere Besucher immer wieder gestolpert sind – weil das Ausmessen doch etwas zu schnell über die Bühne gegangen war und nichts passte. Ich hatte das alles längst vergessen und musste lachen, als Sarah die Geschichte nun zum Besten gab. Bei aller Freude an den lustigen Begebenheiten, die die vier zusammengetragen hatten, spiegelte sich in den Beiträgen meiner Töchter vor allem Dankbarkeit und Wertschätzung. Das war für mich sehr, sehr anrührend. Ich war den Tränen nahe.

Diese vier jungen Frauen stehen jetzt mitten im Leben, bei mir ist langsam eine Art Rückzug angesagt. Und ich genieße die Zeit des Zusammenseins: Die Enkelkinder stromern in Haus und Garten herum, die Schwiegersöhne sind mit dabei – das ist ein ganz großes Glück, für das ich dankbar bin. Und dass wir im Rückblick über viele Begebenheiten miteinander lachen können, ist wunderbar. Meine Töchter haben die 60 Erinnerungen in Kurzform aufgeschrieben und gerahmt. Das Bild hängt jetzt in der Usedomer Küche, und wenn ich daran vorbeigehe, schaue ich manchmal darauf und muss schmunzeln. Etwa darüber, dass ich Bilder garantiert schief aufhänge oder meine Töchter die Lederhosen, die ich gern trage, eher gewöhnungsbedürftig finden …

Bei einem Gottesdienst ein paar Wochen zuvor hatte

ich in der Sakristei Mundorgeln gesehen. Kleine rote Heftchen, mit denen wir früher viele evangelische Jugendfreizeiten gestaltet haben. Ein paar Tage später dachte ich beim Joggen: Das wäre doch was für den Geburtstag! Also habe ich der Kirchengemeinde geschrieben, ob ich die Hefte ausleihen dürfte – Zusage! Ich bin in Hannover hingeradelt, habe sie geholt und den Gitarristen Werner Hucks gefragt, ob es unter seinem Niveau sei, solche Lieder mit der Gitarre zu begleiten. Nein, schrieb er, sehr gerne, auch seine Frau Esther würde sich beteiligen. Und so haben wir auf meinem Fest gemeinsam gesungen: »Bolle reiste jüngst zu Pfingsten«. Und »Ein Mann, der sich Kolumbus nannt« – Janice Love hat sich bei der Übersetzung schlapp gelacht. Und meine Freundin Annette schrieb ins Gästebuch, ich müsse ihr hoch anrechnen, dass sie das mitgemacht hat! Ein befreundeter Pastor hat noch einmal seinen Kabarettbeitrag »Der Besuch der Landesbischöfin« zum Besten gegeben. Ein lustiges Stück, das die Vorbereitungen eines Dorfes auf den Besuch beschreibt, inklusive Umleitungsbeschilderung, damit die Bischöfin länger braucht, um in der Kirche betende Menschen vorzufinden – denn »sie liebt durchbetete Räume«. Das war einmal ein Vortragstitel in meiner Bischöfinnenzeit, und ich konnte mit den anderen herzlich darüber lachen.

Anschließend wurde getanzt zu Musik aus den 70ern, die mein Freund Andreas zusammengestellt hatte. Dazu haben wir damals im Stadtallendorfer Kirchendiskokeller getanzt. Und es funktionierte immer noch. Kurz vor Mitternacht hat er mich zu einem kleinen Karaokeauftritt überredet. Das habe ich zum allerersten Mal gemacht, aber es war wirklich lustig. Und Schlag zwölf haben alle mit einem von ihm gedichteten Geburtstagslied gratuliert. Ich hatte selten so viel Spaß! Um 2 Uhr morgens war ich im Bett und dachte – wunderbar, danke schön.

Es ist großartig, wenn so ein Fest gelingt. Mir ist bewusst, dass das nicht so leicht ist. So viele haben selbstverständlich geholfen! Niemand hat darauf gewartet, bedient zu werden, alle haben sich beteiligt. Es gab keinen Streit, auch das ist ja wichtig. Und wir hatten Zeit, das Fest in den folgenden Tagen ausklingen zu lassen. Nach und nach habe ich mich von meinen Gästen am Haus oder am kleinen Bahnsteig verabschiedet. Langsam haben wir Garten und Schuppen wieder aufgeräumt. Schließlich reisten auch die Töchter mit ihren Familien ab, das Haus wurde Tag für Tag leerer. Ich war dankbar, als alle heil nach Hause gekommen sind. Ganz in Ruhe habe ich dann die Geschenke ausgepackt und mich auch nach und nach für die besonderen Gedanken bedankt, die oft damit verknüpft waren.

Ich tausche ungern ein Geschenk um. Das ist immer wie eine Zurückweisung, finde ich. Da trifft ein Anhänger vielleicht nicht ganz meinen Geschmack – aber er ist ja eine Erinnerung an die Person, die ihn geschenkt hat. Da schenkt mir jemand Rotwein, obwohl ich den nicht trinke – aber es ist eine liebevoll gemeinte Geste. Das Alter macht uns vielleicht milder. Ich weiß aber noch genau, wie es mich doch etwas verletzt hat, wenn jemand mein Geschenk umtauschen wollte. Du denkst dir ja etwas dabei, wenn du es aussuchst. Und genau darauf kommt es an! Ein Geschenk ist nicht einfach ein Wertgegenstand, eine Sache, sondern eine Verbindung. Zu meiner Konfirmation hat mir die Patentante ein Armband aus Gold geschenkt mit dem Spruch: »Kann man in Notzeiten umsetzen!« Für eine 14-Jährige war es unpassend, ich habe es nie getragen. Aber ich habe es später meiner ältesten Tochter Sarah zu ihrer Konfirmation weitergegeben und ihr die Geschichte erzählt. Geschenke zeigen Verbindungen, sie erzählen von Beziehung!

Viele haben mir auch Pflanzen für den Usedomer Garten geschenkt. Ich habe sie eingepflanzt und hoffe, sie gedeihen, auch wenn ich nicht ständig dort bin. Denn auch sie schaffen Verbindungen und erinnern mich an das Fest, das wir miteinander gefeiert haben.

Zwei besondere Geschenke lassen das Fest nachklingen. Das eine ist ein Buch, das meine Tochter Lea gestaltet hat. Sie hat alle geladenen Gäste gebeten, dieselben Fragen zu beantworten: Wo hast du Margot kennengelernt, was schätzt du an ihr? etc. Dazu konnten Fotos eingesandt werden. Ich blättere gern darin, es sind kostbare Erinnerungen. Und alle haben sich in das Gästebuch meines Ferienhauses eingetragen, mal lustig, mal ernst, dazu habe ich ein Foto geklebt, auf dem alle zu sehen sind.

Besonders schön fand ich, dass das Team des Verlags, in dem auch dieses Buch erscheint, mir ein ganzes Büchlein, handschriftlich gestaltet mit Versen und mit Poesie, geschenkt hat. Zum einen war ich berührt, weil handschriftlich übermittelte Zeilen, Texte, Briefe heute sehr, sehr besonders sind. Das bringt eine persönliche Note mit sich, die verloren geht in der Computerzeit.

Auf jeden Fall will ich jetzt im Ruhestand wieder mehr handschriftlich schreiben. Und: Poesie hat mein Leben immer begleitet. Sie fasziniert mich, weil ich wahrnehme, wie lange an so einem Text zu arbeiten ist, damit er »klingt«. Und wenn er den richtigen Klang hat, dann kann er dich begleiten. Es gibt, wie ein Band betitelt ist, den mir meine Nachbarn in Hannover zum Geburtstag geschenkt haben, »Gedichte, die glücklich machen«. Eines der handschriftlich übermittelten Gedichte stammt von Henri Nouwen:

> *»Geburtstage …*
> *erinnern uns an das, was wichtig ist*
> *und zählt.*
> *Nicht, was wir tun*
> *und geleistet haben,*
> *was wir besitzen*
> *oder welche wichtigen Leute wir kennen,*
> *sondern das, was wir sind*
> *hier und jetzt;*
> *Grund genug,*
> *uns darüber zu freuen.*
> *Danken wir an unserem Geburtstag*
> *Für das Geschenk des Lebens.«*

Besser könnte ich es nicht ausdrücken ….

Mein Herz ist voller Erinnerungen, es gab so viele schöne Momente und Begegnungen an diesen Tagen. Ich weiß, dass ich Glück hatte mit diesem Geburtstag, der fröhlichen Stimmung, dem sonnigen Wetter, all den Gästen, die mein Leben begleitet und mitgefeiert haben. Eine Woche nach dem Geburtstag habe ich den Anfang dieses Buches neu geschrieben, weil ich denke: Lasst uns das Leben feiern, wenn wir älter werden! Für mich war es schlicht ein sehr glücklicher Zeitpunkt, zurückzublicken, auch auf mein Berufsleben. Und es war eine wunderbare Möglichkeit, die Menschen, die ich mag und liebe, um mich zu haben. Es war wie eine kleine Momentaufnahme des eigenen Lebens.

Mein momentanes Lebensgefühl ist, dass gerade jetzt eine ganz neue Form der Freiheit entsteht. Ich kann entscheiden, was ich tun möchte, wie ich leben will. Niemand muss gerade von mir versorgt werden, es gibt auch keine beruflichen Verpflichtungen mehr. Wenn ich jetzt lese, schreibe, eine Predigt vorbereite, kann ich das in einem ganz eigenen Rhythmus tun. Noch bin ich auch gesund genug, mein Leben frei von irgendwelchen Zwängen oder Einschränkungen zu gestalten. Ein guter Zeitpunkt zu feiern also. Mit 70 kann das alles schon ganz anders aussehen. Das wurde mir besonders bewusst, nachdem meine Zwillingsonkel im April ihren 85. Geburtstag gefeiert haben. Wir haben gesagt: Wir sehen uns zu meinem 60. auf Usedom! Dann kam eine Krebsdiagnose, und einer von beiden konnte nicht wie geplant mit dem anderen einen Urlaub auf der Insel verbringen. Das Leben ist verletzlich, das wird uns bewusster, je älter wir werden.

Es ist interessant, dass eine Einladung zu einem solchen Geburtstag besondere Reaktionen hervorruft. Das gilt offenbar ganz besonders für den 60. Runde Geburtstage fordern uns ja jedes Mal dazu auf, zurückzublicken auf das, was war. Und gleichzeitig auch nach vorne zu schauen – was kommt jetzt, was ist dran? Ich erinnere mich an den 30. einer Freundin, die an dem Tag Schwarz trug, weil sie meinte, nun sei es mit der Jugend endgültig vorbei. Darüber kann sie heute auch selbst lachen. Aber mit 60, ja da bist du dann auch tatsächlich schon alt. »Da waren zwei ältere Damen dabei«, sagte meine Tochter neulich. »Wie alt?«, habe ich gefragt. »Na, ungefähr so wie du«, war die Antwort. Huch, dachte ich, dann bin ich jetzt also eine ältere Dame. Ein merkwürdiges Gefühl …

»Ich will tanzen an meinem 60.«, sagt eine Freundin und überlegt schon mit Vorfreude, wo das stattfinden soll. Auch sie will ein Fest feiern und freut sich darauf. Denn wann können wir schon noch einmal ausgelassen tanzen mit 60? Dabei macht das so viel Spaß! Ein anderer hat Angst vor der 60 – irgendwie ist sein runder Geburtstag für ihn ein unangenehmes Datum. »Nein, das feiere ich nicht, da gibt es doch wirklich nichts zu feiern«, sagt eine andere. »Ab jetzt feiere ich immer nur den 59.!« Ersteres kommt mir eher traurig vor, Letzteres irgendwie absurd. Natürlich wird im anbrechenden siebten Lebensjahrzehnt nicht alles großartig sein. Aber es stimmt auch, dass wir heute, zumindest in Deutschland, in der Regel nicht so abgearbeitet sind wie Generationen vor uns. Auch die Gesundheitsversorgung hat sich verbessert, viele ernähren sich gesund. Bei einem Besuch im Sprengelmuseum Hannover haben meine Freundin Elke und ich ein Bild von Otto Dix betrachtet, auf dem er 1924 seine Eltern gemalt hat: »Die Eltern des Künstlers II«. Die Mutter war damals 61 und wirkt sehr alt, schlicht abgearbeitet. Wir hatten beide das Gefühl, jünger auszusehen, vielleicht auch, weil das Leben für uns rein körperlich weniger hart war. Das Frauenleben ist leichter geworden im Zeitalter von Staubsauger, Waschmaschine und Geschirrspüler. Aber trotzdem: Du bist nicht mehr jung, wenn du 60 bist, der Tatsache schaust du am besten klar ins Auge. Es ist Unfug, wenn Leute sagen: »60 ist das neue 40« – das zeigt schlicht die Panik vor dem Altsein.

Persönlich kann ich sagen, dass ich sehr gespannt bin auf die Lebensphase, die jetzt gerade beginnt. Ja, ich weiß, die Kräfte lassen nach, da kann sich niemand herumschummeln. Vor einiger Zeit bin ich mit meiner jüngsten Tochter joggen gegangen. Wenn ich sehe, wie leichtfüßig sie eine lange Treppe hochspurtet, während ich froh bin, es anschließend noch nach Hause zu schaffen, muss ich lachen. Denn Altsein und Glücklichsein schließen sich nicht aus. Jedenfalls bin ich so ausgeglichen und glücklich wie selten zuvor im Leben. Das Leben meint es gut mit mir. Ich bin noch gesund, aber mir bewusst, dass das sehr schnell anders sein kann, das erlebe ich in meinem Umfeld durchaus. »Die Einschläge rücken näher«, wie es so treffend heißt. Aber ich freue mich schlicht am Moment und an der Freiheit, die ich in den letzten Monaten für mich gewonnen habe. In diesem Jahr bin ich zum erstmöglichen Zeitpunkt in den Ruhestand gegangen. Immer habe ich sehr viel gearbeitet, war oft unterwegs. Freie Zeit war für mich ein kostbares Gut. Jetzt noch einige Jahre in Freiheit gestalten zu können, das empfinde ich als Geschenk.

Wenn du sehr jung bist, steht dein Leben ständig unter der Prämisse von Schule und Ausbildung bzw. Studium. Die Grundschule abschließen, es aufs Gymnasium schaffen, Abitur machen. Das war eine anstrengende Lebensphase, vor allem, weil ich einen weiten Schulweg hatte. Um 7:07 Uhr ging der Zug von Stadtallendorf nach Marburg. Zum Bahnhof musste um 6:45 Uhr mit dem Fahrrad losgeradelt werden. In Marburg nahm ich den Bus bis zum Wilhelmsplatz, von dort waren es noch ein paar Minuten zu Fuß bis zur Schule. Und zurück hatte ich immer die Hoffnung, den Eilzug um 13:20 Uhr zu erreichen – in der Regel war das unmöglich, weil die sechste Stunde erst um 13:10 Uhr endete. Dann wurde es der Bummelzug um 14:30 Uhr, der in Cölbe, Bürgeln, Anzefahr und Kirchhain hielt. Bis ich nach Hause kam, war es fast halb vier. Nach dem Erledigen der Hausaufgaben war der Tag für mich im Grunde vorbei. Als ich Jahre später selbst Mutter geworden war, konnten meine Kinder, während ich Landesbischöfin in Hannover war, um fünf vor acht morgens das Haus verlassen, weil das Gymnasium direkt um die Ecke lag. Darum habe ich sie beneidet … .

Nach der Schule kam das Studium. Viele sehen dies im Rückblick als die freieste Zeit ihres Lebens an. Das habe ich nicht so empfunden. Ich habe in den Semesterferien gearbeitet, um das Studium zu finanzieren, intensiv Hebräisch und Griechisch gebüffelt, an Studienreisen nach Israel und China sowie an einem Industriepraktikum teilgenommen. Im achten Semester habe ich geheiratet, im zehnten ein Kind bekommen und im zwölften pünktlich das Examen absolviert. Da blieb wenig Zeit für anderes. Es folgte das Vikariat. Parallel dazu war ein kleines Kind zu versorgen; ein Balanceakt. Und dann kam die Phase, in der mein Mann und ich unser Berufsleben und die Bedürfnisse von vier kleinen Kindern in Einklang zu bringen hatten. Ein intensives, dichtes Leben. Nachdem, Jahre später, die Kinder nach und nach aus dem Haus gegangen waren, stand der Beruf ganz und gar im Vordergrund.

Insofern: Das Beste kommt zum Schluss, kann ich im Moment aus vollem Herzen sagen. Ich habe schon in den letzten Wochen vor dem Ruhestand genossen, dass mein Leben nicht mehr so durchgetaktet war. Nicht mehr morgens um kurz nach sieben zum Bahnhof aufbrechen, von 10 bis 13 Uhr eine Sitzung in Kassel; danach weiter zu einem Termin nach Frankfurt, wo abends ein Vortrag auf dem Programm steht. Zwischendurch eine Brezel oder ein belegtes Brötchen. Spätabends zum Flughafen und von dort aus weiter … Auf einmal gibt es Tage, an denen kein Wecker klingelt und die ganz ohne Termine daherkommen. Ich habe wieder die Ruhe gefunden, einen Nachmittag mit einem guten Buch auf dem Sofa zu verbringen. Anfang des Jahres habe ich einige freie Tage in Berlin genossen, mit Theater- und Kabarettbesuchen. Und neulich habe ich tatsächlich einen Termin vergessen – das ist mir nie passiert, als ich ein durchgetaktetes Leben geführt habe.

Spontan kann ich Astrid anrufen, und wir verabreden uns zu einem Kinobesuch. Mein Enkelsohn hat Geburtstag, und ich fahre schlicht hin und habe Zeit mit ihm und seinen Eltern. Oder ich bin zufällig in der Nähe einer anderen Tochter, genieße es, Zeit mit ihr und meinen Enkeltöchtern zu verbringen. Wir verspielen voller Freude einen Nachmittag im Garten. Mein Lebensrhythmus ändert sich gerade auf äußerst angenehme Weise.

Kürzlich schrieb mir eine Frau: »Neun Monate nach dem Tod meines sehr geliebten, alten und kranken Vaters wurde ich 50 Jahre. Eigentlich nur eine Zahl. In Ihrem Buch ›Sehnsucht nach Leben‹ habe ich genau die Themen gefunden, die mich zutiefst bewegen. Wie ist es möglich, dass wir in der Mitte des Lebens so stark durcheinandergewirbelt werden? Und geht das vorbei?«

Ich fand das sehr bewegend und ja, ich denke, diese Phase des Durcheinandergewirbeltwerdens geht vorbei. Mit 50 habe ich mich ähnlich gefühlt. In dieser Zeit schrieb ich ein Buch mit dem Titel »In der Mitte des Lebens«, in dem ich die Spannungen dieses Lebensalters aufgezeigt habe. Die Kinder gehen aus dem Haus, die eigenen Eltern benötigen Unterstützung, werden irgendwann pflegebedürftig und sterben.

Häufig ist es auch eine Zeit der Beziehungskrisen, der »Midlife-Krise«, und es stehen Entscheidungen an: Durchhalten oder noch einmal ganz neu anfangen? Beruflich ist auch die Frage: Bleibt alles so, will ich dies noch – oder starte ich neu durch? Krankheiten treffen uns selbst oder Freunde. Persönlich hatte ich das Gefühl, es entsteht fast eine Unruhe wie in Zeiten der Pubertät, weil geklärt werden muss, wohin die Reise geht. Auch weil die eigene Endlichkeit sehr deutlich in den Blick tritt.

Zum 60. Geburtstag habe ich den Eindruck, ist es ruhiger geworden. Die grundsätzlichen Lebensentscheidungen sind getroffen, die Kinder in einer selbstständigen Lebensphase. Meine Eltern sind inzwischen beide verstorben, ihre ganze Generation ist abgetreten. Mit meinen Schwestern habe ich ein gutes Verhältnis, wir teilen bewusst die Kindheitserinnerungen, auch wenn sie manchmal auf interessante Weise unterschiedlich sind. »Die Alten« – das ist jetzt meine Generation. Viele wollen das nicht wahrhaben, viele sind auch noch sehr fit. Aber Krankheitsdiagnosen der schweren Art nehmen im engeren Umfeld zu. Und immer öfter sterben Menschen meiner Generation, auch Menschen, mit denen ich eine lange Strecke meines Lebens geteilt habe. Deshalb will ich das Altwerden nicht einfach schönreden. Es macht nicht unbedingt Spaß, zu erleben, dass manches schwerer fällt als früher, diese und jene Beschwerden auftreten und die Falten tiefer werden.

Aber wo auch immer wir gerade stehen, wie es uns geht: Es ist oftmals eine Frage der Perspektive, wie wir die eigene Lage beurteilen. Malen wir uns die Situation rosarot, statt sie realistisch zu betrachten? Oder ist für uns scheinbar alles düster – ohne einen einzigen Lichtblick? Denken wir den ganzen Tag daran, dass es mit dem schmerzenden Knie schlimmer werden könnte, oder freuen wir uns, dass ausgedehnte Spaziergänge noch möglich sind? Eine Frau sagte neulich, ihr Mann habe ihnen den ganzen Urlaub verdorben, weil er befürchtete, Kopfschmerzen zu bekommen – dabei hatte er gar keine! Ein Bild zeigt das gut: Manche sehen, wenn sie eine große weiße Fläche betrachten, mitten darin vor allem den einen schwarzen Fleck. Auf den konzentrieren sie sich dann, so wird er vor dem inneren Auge größer und größer. Irgendwann kommt es ihnen so vor, als ob alles nur noch grau ist. Andere entdecken zwar ebenso den dunklen Punkt in ihrem Leben, fokussieren sich aber auf die im Vergleich große weiße Fläche.

Wenn wir unseren Blick dankbar auf die guten Dinge und all das Helle in unserem Leben konzentrieren, dann gibt es, trotz mancher dunkler Momente, die das Alter zwangsläufig mit sich bringt, schöne Perspektiven. Es geht doch darum, das Leben auch dann anzunehmen, wenn es nicht perfekt ist. In allen schweren Phasen die guten nicht zu vergessen, dankbar zu sein, was wir erleben dürfen – auch noch im Alter. Meine älteste Schwester sagt, sie könne das Leben jetzt viel mehr genießen, weil sie die schönen Momente bewusst auskostet.

Für mich ganz persönlich ist dies auch eine Glaubensfrage. Wer das Leben aus Gottes Hand nimmt, kann auch mit Schwäche umgehen, fühlt sich ermutigt und gestärkt. In der Bibel wird immer wieder von Menschen erzählt, die sich von Gott getragen fühlen. Aber auch von denen, die des Lebens überdrüssig sind, weil sie krank oder verzweifelt sind, die nicht weiterwissen oder schlicht an ihrer eigenen Kraft zweifeln.

Ich denke an Hagar, die Sklavin Abrahams, die einen Sohn von ihm geboren hat, Ismael. Sarah, seine Ehefrau, erträgt das nicht und zwingt Abraham, Hagar und ihr Kind im wahrsten Sinne des Wortes in die Wüste zu schicken. Bald wird das Wasser knapp, und Hagar hat Angst, ihren Sohn sterben sehen zu müssen. Aber ein Engel spricht zu ihr: »Fürchte dich nicht, denn Gott hat gehört die Stimme des Knaben, der dort liegt. Steh auf, nimm den Knaben und führe ihn an deiner Hand.« (1. Mose 21, 17f.) Hagar wird mit Ismael überleben und in der lebensfeindlichen Wüste einen Ort zum Bleiben finden.

Ich denke beispielsweise auch an die Geschichte des Propheten Elia, der in seinem Leben lange gegen die Königin Isebel gekämpft hat und nun nur noch sterben will. Er setzt sich erschöpft unter einen Wacholderbusch und bittet Gott, ihn von allem zu erlösen. Stattdessen kommt ein Engel, bringt ihm Brot und Wasser und sagt: »Steh auf und iss, denn du hast einen weiten Weg vor dir« (1. Kö 17, 7). Oder denken wir an den Apostel Paulus. Er muss mit Anfeindungen leben, dazu mit gesundheitlichen Beeinträchtigungen. Und er schreibt, Gott habe ihm gesagt: »Lass dir an meiner Gnade genügen; denn meine Kraft ist in den Schwachen mächtig.« (2. Kor 12,9)

Wer in unserem Leben die Engel sind, das ist eine wiederkehrende Frage. Aber wenn wir mit 60 zurückblicken, dann hat es doch so manchen Engel gegeben. Nein, »es müssen nicht Männer mit Flügeln sein«, wie Rudolf Otto Wiemer so wunderbar formuliert hat. Es kann ein ermutigendes Wort zur rechten Zeit sein. Es kann ein guter Abend mit Freunden sein, ein Windhauch am Meer, ein herzliches Lachen, ein Arm, der dir um die Schulter gelegt wird, eine tröstende Umarmung – und dann geht das Leben doch weiter, die Schwere fällt wieder ab, du bekommst neuen Mut.

Die Verschiedenheit von Engeln hat wohl kaum ein Maler so wunderbar in Szene gesetzt wie Paul Klee. Mir gefallen seine Engel außerordentlich gut. Der »vergessliche Engel« ist dabei ab 60 wahrscheinlich ein besonders freundlicher Begleiter. Ich mag diese Engel, weil sie tröstlich sind, aber auch humorvoll, liebevoll. Michael Naumann meinte, Paul Klee habe mit diesen Engeln sich und sein Publikum wohl vor der entzauberten, kalten Zivilisation retten wollen, die er im Dessau der Bauhaus-Epoche antraf, ein Mystiker sei er gewesen.[1] Ja, Engelglaube hat es schwer, noch schwerer heute im Zeitalter der Hochtechnologie. Und dennoch behaupten sie sich immer wieder, wo Menschen ihnen begegnen.

In der Bibel wird deutlich, dass Menschen Schwächen haben und Ängste. Ja, die Bibel preist auch die Jugend, die Schönheit. Aber es sind weniger die Star-

---
1 Vgl. Michael Naumann: Der Gottsucher, in: Die Zeit Nr. 22, 24. Mai 2018.

ken und Schönen, die hervorgehoben werden. Vielmehr zeigen biblische Geschichten, wie Menschen, die schwach sind, die keine Rechte haben und daran oder unter einer schlimmen Krankheit leiden, erleben, dass Gott ihnen Kraft schenkt. Das gefällt mir immer wieder, wie sich in den Schwachen die Kraft Gottes wirksam zeigt. Jesus hat nicht die Elite seines Landes in seine Nachfolge gerufen, sondern Fischer und Huren, Zöllner und Hausfrauen. Ganz normale Menschen also. Sie haben ihm ihr Leben anvertraut. Jesus selbst ist jung gestorben; er hat erfahren, was Leid bedeutet und Sterben. Deshalb können wir uns als Christinnen und Christen ihm anvertrauen, wenn wir leiden und sterben. Aber wir dürfen eben auch glücklich sein, zufrieden und dankbar. Denn Jesus hat ja offenbar das Leben geliebt. Jesus hat die Schönheit der Lilien auf dem Feld beschrieben, er hat gesagt, dass der Sabbat für den Menschen da ist, nicht der Mensch für den Sabbat. Es heißt, er habe auf einer Hochzeit Wasser in Wein verwandelt – eine Geschichte übrigens, die die Firma Evonik zu einer Anzeige im Programmheft des Katholikentages veranlasst hat nach dem Motto: Wenn einer das kann, stellen wir ihn sofort ein.

»Ich bin gekommen, damit sie das Leben und volle Genüge haben«, sagt Jesus im Johannesevangelium (10,10). Damit ist eben nicht nur das Leben in Gottes zukünftiger Welt gemeint, sondern schon das Leben in dieser Welt. Es geht nicht um die Hoffnung auf Wohlstand, Reichtum, Ruhm, sondern um ein Leben in voller Genüge – mit allem, was es braucht, damit es genug ist. Mir gefällt dieses Wort gut. Denn »genügsam« sein bedeutet ja nicht, unter schlechten Bedingungen und weltabgewandt zu leben, sondern sich an dem zu freuen, was möglich ist. Volle Genüge ist auch eine Hoffnung für die Welt: Mögen alle Menschen Nahrung und Obdach haben, Zugang zu Bildung und Gesundheitsversorgung. Genug zum Leben. Wer darum weiß, wie gut es um ihn steht, lebt dankbar.

Um ein Leben in christlicher Haltung zu leben, braucht es keinen Rückzug aus der Welt. Mir hat immer eingeleuchtet, dass Luther keinen Sinn im Klosterleben sah. Warum sollten sich Menschen aus der Welt zurückziehen, um Gott zu gefallen? Warum meinen Mönche, die auf dem Berg Athos leben, weg von der Welt, ohne dass Frauen den Berg betreten dürfen, sie seien irgendwie besser vor Gott? Was für ein Hochmut! Luther hat gerade durch die Befürwortung der Eheschließung ehemaliger Mönche und Nonnen symbolisch klargestellt: Es geht um ein Leben mitten in dieser Welt mit allen Höhen und Tiefen, mit all unseren Schwächen, die darin sichtbar werden und die von Gott so gewollt sind. Denn Gott hat ja diese Welt geschaffen, das glauben wir. Warum soll dann ein Rückzug aus der Welt Sinn machen?

Wenn ich längere Zeit auf Usedom bin, so wie jetzt beim Schreiben dieses Buches, kann ich den Rückzugsgedanken nachempfinden. Warum Nachrichten schauen, Radio hören, im Internet lesen, was die Welt umtreibt, wenn hier alles so friedlich ist? Ich kann Tag für Tag leben, die größte Aufregung ist, zum Lebensmittelladen zu radeln, um einzukaufen. Ansonsten genügen Garten, Wald, Strand, eine absolute Idylle.

Aber es gibt den Garten Eden nicht auf Erden! Und es ist auch arg selbstgenügsam, sich dem Tosen der Welt einfach zu entziehen, zu Luthers Zeiten wie heute, finde ich. Dabei ist mir bewusst, dass ich die ganze Welt nicht ändern kann. Doch ich kann sie bewusst wahrnehmen, mir eine Meinung bilden, mich einmischen – das ist die Freiheit der Demokratie, die uns auch verpflichtet, für sie einzutreten. Das ist gerade sehr akut notwendig in unserem Land. Und es ist die Freiheit eines Christenmenschen, der sich innerlich unabhängig fühlen darf.

Ich bin dankbar für das Leben, das war. Ich freue mich an dem Leben, das ist. Mir ist bewusst, dass ich inzwischen alt bin und sicher nicht nur Leichtigkeit auf dem Weg vor mir liegt. Aber ich freue mich darauf! Und ich bin überzeugt, dass ich nicht aufhören werde, mitzudenken, mich hier und da einzumischen, zumindest im Kleinen, im Alltag der Welt. Gott hat uns doch auch einen wachen Geist gegeben, damit wir ihn nutzen und uns engagieren!

Auf jeden Fall möchte ich Sie ermutigen, es sich nicht grausen zu lassen vor dem Älterwerden. Viele von uns sind noch ziemlich fit. Und auch wer es nicht mehr ist, kann noch viel erleben, sich einbringen in die Gesellschaft, Neues tun und denken. Das sind doch schöne Aussichten! Vielleicht ist sie das ja, die beste Zeit im Leben. L'Chaim – auf das Leben!

2. Von der Erfahrung, alt zu werden

Wann hatte ich eigentlich das erste Mal das Gefühl, alt zu sein? Ein Freund sagte: »Als mir ein jüngerer Mann einen Sitzplatz in der S-Bahn angeboten hat!« Bei mir selbst war es ein Telefonat mit meinem Enkel auf FaceTime. Er war krank und zur Abwechslung oder auch Unterhaltung sollte ich ihm »Bruder Jakob« vorsingen, das mag er so gerne. Ich habe mein Gesicht gesehen – die Kameraoptik ist da ziemlich brutal. Jede Falte ist tief zu erkennen, das Gesicht ist nicht mehr straff, da siehst du echt alt aus. Und meine Stimme beim Singen war unverkennbar die Stimme einer alten Frau. Oje! Ich fand meine Stimme bislang eigentlich immer ganz gut. Nicht zu hoch beim Predigen – und auch wenn ich keine Gesangsausbildung hatte, konnte ich ganz gut singen – fand ich. Aber jetzt hat meine Stimme schlicht den Klang einer älteren Frau. Nicht mehr so fest, nicht mehr so klar. Eine Frau in einem Kirchenchor sagte mir vor Jahren: Wir wissen ja, wir klingen nicht so gut wie die Jungen. Das habe ich damals nicht richtig verstanden. Jetzt weiß ich, was sie meinte.

Ein Indiz, dass wir alt werden, ist es auch, wenn wir uns dabei ertappen, dass wir immer öfter in der Zeitung Traueranzeigen lesen. Früher habe ich mich manchmal über meine Mutter lustig gemacht, wenn sie in der *Oberhessischen Presse* solche Anzeigen las. Heute ertappe ich mich dabei, dass ich das Gleiche tue – und mich die Geburtsjahrgänge der Verstorbenen nachdenklich machen. Denn immer öfter ist mein Jahrgang dabei; Menschen, die Ende der 50er geboren wurden – und auch einige jüngere. Immer weniger Menschen schalten ja Traueranzeigen – weil sie meinen, der Tod des Vaters interessiert eh keinen. Und wie selten gibt es dabei noch einen wunderbaren Bibelvers zu lesen, den sich der Verstorbene oder seine Verwandten ausgesucht haben. Was ist das doch für eine schöne Tradition! Stattdessen muss »Der kleine Prinz« von Saint-Exupéry herhalten. Die gute alte Trauerkultur hatte auch etwas Verlässliches, ich plädiere für Traueranzeigen!

Auch Hände sind ein untrügliches Zeichen für ein gelebtes Leben. Das geht mir oft nach, wenn ich am Ende eines Gottesdienstes an der Kirchentür viele Hände geschüttelt habe. Die tiefen Furchen in den Händen eines Bauarbeiters, der zu jeder Jahreszeit im Freien gearbeitet hat. Oder die feingliedrigen, flinken Finger einer Näherin. Wie sehen Hände aus, die ein Leben lang im Haushalt zugepackt haben?

Meiner jüngsten Tochter habe ich neulich meine Hände gezeigt. Die Adern treten hervor, ein paar Altersflecken habe ich, und zwei Finger lassen sich nicht mehr so wirklich gerade biegen. Spontan sagte sie: »So sahen die Hände von Großmutter auch aus!« Und ja, ich erinnere mich natürlich auch daran. Kurz bevor meine Mutter starb, saß ich lange an ihrem Bett. In ihren kurzen Wachphasen habe ich ihre Hände gestreichelt. Es waren schöne Hände, das hatte ich früher gar nicht so wahrgenommen. Aber eben auch Hände, die von einem langen Leben gezeichnet waren.

Ich weiß, dass heute Handchirurgen manches wieder richten und korrigieren können. Es lässt sich fast alles machen: Pigmentflecken werden weggeätzt, Adern verödet, Falten mit Eigenfett unterspritzt und die Haut gestrafft. Der Popstar Madonna, Jahrgang 1958 wie ich, hat ein paar Jahre lang Handschuhe getragen, weil sich an den Händen noch ihr Alter erkennen ließ. Der Rest ihres Körpers war durchoperiert und sah 15 Jahre jünger aus. Dann aber kam die Hand-OP.

Einerseits kann ich das durchaus verstehen. Es ist eine Versuchung, finde ich, das Alter »entfernen« zu lassen. Und ich verurteile auch keine Frau, die das tut. Allerdings sieht »jung gemacht« nicht immer jung aus. Die Journalistin Petra Gerster schrieb zu ihrem 50. Geburtstag, ohne Maßnahmen gegen Falten könne sie in ihrem Beruf nicht bestehen. Das kann ich nachvollziehen. Heute aber wirkt ihr Gesicht oft wächsern, leblos irgendwie, weil alles so gestrafft ist. Aber andererseits: Wie sollen denn Kinder lernen, was Alter bedeutet? Und wie sollen wir glaubhaft machen, dass das Alter eine eigene Würde hat, dass es eine wertvolle Zeit ist. Alle wollen alt werden – aber niemand will alt aussehen. Oft wurden Fotos von mir per Photoshop einfach verändert, »weil man das heute so macht«. Gut, manchmal ist es nett, wenn ein bisschen retuschiert wird, das gebe ich zu. Aber auf einem Porträt habe ich mich selbst fast nicht wiedererkannt, so wächsern glatt kam mein Gesicht daher.

Gemeinsam mit meiner ältesten Tochter Sarah habe ich für das Magazin *Chrismon* Anfang 2018 ein Gespräch geführt. Es ging um die Vereinbarkeit von Familie und Beruf, um Mutter- und Tochtersein in der Generationenabfolge. Für den Magazintitel wurde ein Foto gemacht, auf dem wir beide fröhlich in die Kamera blicken. Wir sehen uns ähnlich. Aber dieses Gerede: »Sie sehen aus wie die ältere Schwester«, passt bei uns überhaupt nicht. Der Altersunterschied von 23 Jahren ist selbstverständlich sichtbar, und das ist auch gut so. Die Beziehung zwischen Müttern und Töchtern ist zudem etwas ganz anderes als die zwischen Geschwistern.

Im Gespräch mit den *Chrismon*-Redakteurinnen habe ich damals auch erklärt, dass ich die Einschätzung von Simone de Beauvoir für völlig falsch halte, es gäbe eine Eifersucht der Mutter auf die Tochter, weil die eine merkt, dass sie alt wird, und die andere ist jung und schön.

Ich sehe Bilder von mir von vor 30 Jahren und denke: Ja, so jung war ich damals. Aber will ich das alles wirklich noch mal erleben? Eher nicht. Ich freue mich an meinen Töchtern, die jetzt jung sind. Aber ich sehe auch, welchem Druck sie ausgesetzt sind mit den Anforderungen im Beruf und als Mütter kleiner Kinder. Das Gefühl kenne ich gut, eine ständige Anspannung, allen Pflichten gerecht zu werden. Da genieße ich den jetzigen Lebensabschnitt doch sehr. Ob ich 90 Jahre alt werden will, das weiß ich nicht. Das wären ja noch einmal volle 30 Jahre! Ist das eigentlich erstrebenswert? »Unser Leben währet siebzig Jahre und wenn's hoch kommt, so sind's achtzig Jahre« (Ps 90, 10), heißt es in der Bibel. Vielleicht ist das ja auch heute ein gutes Maß der Dinge. Auf jeden Fall weiß die Bibel etwas davon, dass uns im Alter die Zeit stetig schneller zu vergehen scheint: »denn es fähret schnell dahin, als flögen wir davon« (Ps 90, 10). Dieses Bewusstsein wächst beim Älterwerden, das erlebe ich auch so. Die Zeit scheint immer schneller zu vergehen.

Denn auch das ist die Realität: Du triffst einen Freund wieder, den du lange nicht gesehen hast, und denkst: Huch, ist der alt geworden! Aber der nächste Gedanke ist: Wenn er, dann ja auch ich! Manchmal fühlen wir uns selbst noch jung und sehen das eigene Alter nicht so, wie die anderen es von außen wahrnehmen. Auch wenn wir heute älter werden, weil der medizinische Fortschritt und unser hoher Lebensstandard in Westeuropa manches möglich machen. Auch wenn die 60-Jährigen heute zum Teil die 90-Jährigen pflegen können, gilt: Wer 60 ist, hat nicht die Konstitution eines 40-Jährigen – da muss sich niemand etwas vormachen. Udo Jürgens hat wunderbar gesungen: »Mit 66 Jahren, da fängt das Leben an«, das stimmt natürlich nicht. Doch wenn es weitergeht: »Mit 66 Jahren, da hat man Spaß daran«, kann ich ihm durchaus zustimmen. Die Freude am Leben muss nicht vergehen, bloß weil du über 60 bist, vielleicht wird sie in diesem Lebensabschnitt sogar intensiver, ja freier und bewusster!

Aber natürlich hängt das Altwerden auch sehr von den unterschiedlichen Lebenssituationen ab. Dass unsere Gesellschaft insgesamt älter wird, zeichnet sich bereits seit Jahrzehnten deutlich ab. Die Prognosen lauten, dass im Jahr 2060 rund 10 Millionen Menschen in unserem Land unter 20 Jahre alt sein werden, aber 22 Millionen älter als 65[2]. Damit das nicht zu einem seltsamen Szenario wird, werden die Arbeitszeiten verlängert, es wird von den »Potenzialen des Alters« gesprochen. Wenn die Menschen aber bis 70 erwerbstätig sein sollen, ist das schlicht auch eine Form der Rentenkürzung.

Auch die Unternehmen fassen die Alten inzwischen als interessante Zielgruppe ins Auge Sie werden jetzt »best agers« genannt oder auch »silver agers«. Es ist eine ganze Industrie entstanden, die die neuen Alten unterhalten will von Kreuzfahrten bis zu Theaterprogrammen. Und in vielen Angeboten wird versprochen, alles dafür zu tun, damit sie eben nicht alt aussehen oder sich alt fühlen. Sogar das *ZEITmagazin* hat dem Thema Alter eine ganze Ausgabe gewidmet – unter dem ermutigenden Titel »Ein Blick auf die letzten Lebensjahre«[3]. Erst dachte ich: Wie unpassend, alt werden

---

2 Vgl. Stephan Lessenich: Neue Verteilungskämpfe. Über die alternde Gesellschaft und ihre jungen Alten, in: Zeitzeichen 2/2017, S. 22 ff.
3 ZEITmagazin Nr. 6, 2. Februar 2017.

heißt doch nicht nur sterben müssen. Aber es ist dann ganz vergnüglich zu lesen von denen, die alt sind und sich damit auseinandersetzen. Sogar über Heiner Geißler, inzwischen verstorben, konnte ich lachen, obwohl ich ihn zeitweise früher eher nervig fand. Er wird zitiert mit dem Satz: »Von hundert Leuten sterben hundert« – und recht hat er ja!

Es gibt sehr verschiedene Weisen, alt zu werden, alt zu sein. »Die Alten« sind ein Klischee. Natürlich ist ein Mensch mit 60 anders alt als mit 70 oder 80 oder gar 90. Aber alt ist er auch. Selbstverständlich ist es etwas anderes, mit etlichen körperlichen Belastungen kämpfen zu müssen, als gesund zu sein. Aber körperliche Einschränkungen gibt es bei allen Menschen, wenn sie alt werden.

Interessant finde ich, dass Soziologen zwei verschiedene Typen von Menschen beschreiben: die einen, die alles tun, um ihre Lebenszeit aktiv zu gestalten, die sich gerne verändern, offen für Neues sind. Und die anderen, die versuchen, alles festzuhalten, was sie haben, und sich möglichst nicht zu verändern. Das, so stellt der bekannte Soziologe Stephan Lessenich fest, hängt mit den sozialen Bedingungen zusammen. Menschen mit einem relativ hohen Haushaltsnettoeinkommen und guter Bildung sehen den Wandel und die Veränderung in der Regel als notwendig an. Und die ärmeren, weniger gebildeten Rentnerhaushalte tendieren zu einem Festhalten an Bewährtem.[4] Ich finde wichtig, dass ich

---

4 Vgl. Stephan Lessenich: Neue Verteilungskämpfe. Über die alternde Gesellschaft und ihre jungen Alten, in: Zeitzeichen 2/2017, S. 22 ff.

mir das auch selbst immer wieder klarmache: Mein Altwerden ist ziemlich privilegiert. Ich gehöre zu denen, die ihr Leben gerne verändern, die »Schöne Aussichten« haben auf das Alter. Und weil ich – zurzeit jedenfalls! – gesund bin, kann ich planen, was ich tun werde.

Frauen in Deutschland hatten 2015 im Durchschnitt 762 Euro Rente im Monat. Da sieht der »silver ager«-Lebensabend ganz anders aus, als es in den bunten Zeitschriften und Magazinen so gerne beschrieben wird. Viele müssen gegenüber früher deutliche Abstriche in Kauf nehmen, an allen Ecken und Enden sparen, um überhaupt klarzukommen. Noch schwieriger ist die Situation von Alleinerziehenden, die lange Zeit wegen der Kinder wenig oder nichts verdienen konnten. Ihre Rente ist besonders mager und das Risiko von Altersarmut hoch. Es ist gut, dass dieses Problem inzwischen ein wenig abgefedert wird, beispielsweise durch die Mütterrente. Nur bedeuten 30 Euro mehr im Monat für Frauen, die vor 1992 mehr als drei Kinder geboren haben, nicht wirklich eine substanzielle Veränderung der Situation. Wir sind weit entfernt von einer guten Versorgung aller älteren Menschen, auch bei uns. Altwerden sieht ganz verschieden aus in Deutschland, in der Welt insgesamt. Die schönen Bilder, die uns die Werbung zeigt, nach dem Motto: »Alle trinken Champagner auf der Aida«, sind schlicht eine Illusion! Schön, wenn Menschen sich solche Reisen leisten können. Realität aber ist, dass viele Menschen arm sind, wenn sie alt werden. Wer einmal eine Einrichtung der Tafel besucht hat, kann ein Lied davon singen. Viele ältere

Menschen stehen dort Schlange. Für sie ist Altwerden deshalb bitter. Sie kommen kaum über die Runden, auch wenn sie ein Leben lang gearbeitet haben. Armut bedeutet dann vor allem Ausgrenzung.

Als ich mit 16 in den USA war, habe ich zum ersten Mal solche Altersarmut bewusst gesehen. Etwa bei einem Mann, der über 70 war und im Supermarkt die Waren in Plastiktüten packte. Gleichzeitig hat mich überrascht, wie farbenfroh sich damals alte Amerikaner gekleidet haben. Zu dieser Zeit herrschte in Deutschland bei älteren Damen doch eher eine Mischung aus Grau und Beige vor samt der ewig gleichen Dauerwelle. Dass sich das heute geändert hat, gefällt mir. Manchmal geht vor mir auf der Straße eine Frau mit Jeans, Sneakers und Sweatshirt. Erst wenn sie sich umdreht und ihr Gesicht zu sehen ist, ahnst du, wie alt sie ist. Die Art, wie sich so jemand kleidet, drückt ja nicht unbedingt Jugendwahn aus, sondern Lebensfreude. Wenn Menschen das Leben im Alter genießen, ist das großartig, finde ich. Meine Tochter Hanna hat mich letztes Jahr zu Sneakers überredet, ich fand das erst komisch, aber habe sie dann gar nicht mehr ausziehen wollen, so bequem läuft es sich damit. Lustig fand ich, als mir nach einem Gottesdienst in Heidelberg eine ältere Dame einen Brief in die Hand drückte. Ich habe ihn auf der Zugfahrt nach Hause gelesen. Mein Kleid bei der Talkshow von Markus Lanz sei unziemlich kurz gewesen, und ich hätte die Beine auf eine Weise übereinandergeschlagen, die inakzeptabel sei für eine ehemalige Bischöfin. Ich musste darüber lachen. Solche Anfragen kenne ich eher aus meiner Jugend! Und im Übrigen war das Kleid absolut lang genug, mir jedenfalls hat es gefallen. Älterwerden gibt auch die Freiheit, sich unabhängig zu machen von dem, was »die Leute« so denken und meinen, kommentieren zu müssen.

Sosehr Altwerden heute also nicht heißt, dass Menschen über 60 abgehalftert sind, nicht mehr am Leben teilhaben, so wichtig ist es doch auch, zu akzeptieren, nicht mehr jung zu sein. Um diese Balance geht es, denke ich. Gero von Randow schrieb in *Die Zeit:* »Sechzig eignet sich auch deshalb als Zäsur, weil es in diesem Alter allmählich peinlich wird, sich adoleszent zu geben. Jeans und Sneaker sind ja noch okay, Hoodies von mir aus auch. Aber angesichts mancher Altersgenossen stellt sich mir der Eindruck ein, sie wollten die Zeit zwischen Tretroller und Rollator auf null verringern.«[5] Das ist ein lustiges Bild. Und es bestätigt sich immer wieder. Wir waren kürzlich in einem Hotel auf Madeira. Im Februar ist das wirklich eine Rentnerinsel. Es gibt keinen Strand, der Eltern mit Kleinkindern anlockt, und Schulkinder hatten keine Ferien. Alles ist also auf die Älteren eingestellt. Meinen Enkeln habe ich ein T-Shirt mitgebracht, auf dem steht: »Only my Grandma understands me«. So etwas gibt es wirklich nur auf einer Rentnerinsel zu kaufen. Und da sind sie dann, die älteren Männer, die ein Fußball-T-Shirt tragen, die älteren Frauen, die sich im knappen

---

5 Gero von Randow: »Ab 60 wird es peinlich …«, in: Die Zeit Nr. 47, 16. November 2017, S. 74.

Bikini im Liegestuhl räkeln. Manches davon wirkt sehr gewollt als Signal: Ich bin noch jung. Andererseits: Warum sollten sie das nicht tun? Mir geht es darum, dass wir Alten das Alter nicht leugnen sollten. Als wäre das Leben dann nicht mehr lebenswert. Warum können wir nur so schwer dazu stehen, dass wir schwächer werden, dass die Leistungsfähigkeit abnimmt?

Im April 2018 haben wir einen ZDF-Gottesdienst aus dem Johannesstift in Spandau gesendet. Es sollte um das Altern in Würde gehen. In der Predigt habe ich einen Bewohner des Johannesstifts zitiert: »Ich war Maschinenbauer, gehörte zur mittleren Führungsebene meines Unternehmens. Oh, ich war ein junger Gott auf der Tanzfläche. Ich war Ehemann, Angler, Laubenpieper, Saunagänger. Was bin ich heute? Altes Eisen …« Ja, so fühlen sich viele. Nutzlos, eine Last für andere. Was sind wir für eine Gesellschaft, die keinen Wert im Alter sieht und keine Würde bei den Alten? Die sie nur noch als Last empfindet?

Aber es geht nicht nur um »die Gesellschaft«. Der Maschinenbauer empfindet sich ja offensichtlich selbst als »altes Eisen«. Können wir uns ganz persönlich noch wertschätzen, wenn wir nicht mehr so leistungsfähig sind? Das ist doch eine entscheidende Frage mit Blick auf unsere Zukunft! Ein Mann sagte mir einmal: »Bevor mir jemand den Hintern abwischen muss, erschieße ich mich lieber!« Warum nur fällt uns das so schwer, auf andere angewiesen zu sein?

Ich bin gerade umgezogen und habe darauf geachtet, dass die neue Wohnung »barrierefrei« ist, damit ich später auch mit einem Rollator oder Rollstuhl dort zurechtkommen könnte. Die Reaktion der anderen: Sie sind doch so fit, das haben Sie doch noch nicht nötig. Aber doch! Mir ist sehr bewusst, dass ich älter werde und Einschränkungen anstehen. Und ich hoffe, dass ich dann mein Leben nicht als weniger lebenswert empfinde, dass ich mich nicht schäme, wenn ich die Hilfe anderer benötige, obwohl ich sehr genau weiß, wie schwer es mir jetzt schon fällt, um Hilfe zu bitten. Warum ist das nur so? Ich selbst helfe anderen gern, wenn ich gebraucht werde. Warum kann ich nicht akzeptieren, dass andere auch mir gern helfen würden, dass es ihnen keine Umstände macht.

Da ich seit einigen Jahren kein Auto mehr habe, bin ich auf der Insel Usedom manchmal auf Hilfe angewiesen. Als ich eine Nachbarin bat, mir ein Paket vom Postamt im anderen Ort mitzubringen, habe ich fünfmal gesagt, wie unangenehm es mir sei, sie darum zu bitten. Sie hat gelacht: »Hör doch auf, das mache ich gern!«

Und es hörte sich ehrlich an! Vielleicht gehört es zu den Lektionen des Altwerdens, zu lernen, Hilfe einfach anzunehmen. Darin muss ich mich selbst auf jeden Fall auch noch üben ….

Im Idealfall ist unser Leben doch ein Kreislauf. Da gibt es die Anfangs- und Endzeit, in der wir Unterstützung brauchen, als Säuglinge, als Kinder, als Alte. Zu Anfang müssen wir von anderen lernen, selbstständig zu sein, zu essen, zu laufen, zu lesen. Auch im Alter sind wir oftmals nicht mehr in der Lage, alles alleine zu regeln, und benötigen den Beistand anderer. Und dann ist da eine lange Zeit, in der wir selbst andere unterstützen können, weil wir viel Lebenskraft, Gesundheit und Energie haben. Wenn wir das alles als Kreislauf von Nehmen und Geben sehen, können wir lernen, damit umzugehen und Schwäche nicht als peinlich oder gar als Kränkung unseres Selbstbewusstseins zu verstehen.

Solange wir jünger sind, können wir aber auch lernen von den Alten – das verändert die Einstellung! Im Spandauer Johannesstift gibt es ein Projekt mit dem Namen *Erna* – Erzählende Nachbarschaft. Menschen, die im Umfeld wohnen, kommen zu Besuch, und die Alten, die dort wohnen, erzählen aus ihrem Leben. Eine ältere Frau sagte: »Manchmal, wenn ich durch den Garten laufe, dann möchte ich einen Handstand machen! Am Apfelbaum! Und dann fällt mir wieder ein, dass ich eine alte Frau bin ... Na ja, aber die Schaukel meiner Enkel, die kann ich noch benutzen. Kindchen, ich sag Ihnen eins – machen Sie jede Menge Handstand, solange Sie können!«

Das finde ich lebensfroh. Handstand konnte ich noch nie. Aber ich schaukele auch sehr gern. Im Usedomer Garten habe ich deshalb eine große Schaukel, die auch Erwachsene nutzen können. Schaukeln ist wie eine Ermutigung, sich am Leben zu freuen. Und es kann auch eine Ermutigung sein, das Leben mit den Einschränkungen, die das Alter mit sich bringt, wertzuschätzen. Vielleicht können wir unsere Einstellung ja auch noch ändern. Auch das gibt es, zum Glück!

Eine Freundin wollte mit ihrer Mutter nach einem Einkaufsbummel einen Kaffee trinken. In Hannover gibt es ein sehr nettes Café, dessen Inhaber homosexuell ist und das deshalb jahrelang als »Schwulencafé« bezeichnet wurde. Die Mutter sträubte sich ein wenig, dorthin zu gehen, sie ist 80 Jahre alt und in dieser Beziehung eher konservativ eingestellt. Als die beiden ins Café eintraten, strich Diethmar, der Inhaber, der Mutter übers weiße Haar und sagte: »Flocke, was bist du für eine schöne Frau.« Kurzum, es ist ihr Lieblingscafé geworden, und wir alle zusammen lachen gern über diese Szene. Wenn wir mehr lachen könnten! Wenn wir Ältere eher bestätigen würden! Natürlich ist es albern zu sagen, Falten seien halt »Botschaften des Lebens« oder so ähnlich. Falten sind Kennzeichen des Alters.

Als ich meine neue Wohnung in Hannover bezogen habe, war dort im Badezimmer ein gigantischer Spiegel von der Decke bis zum Boden, die ganze breite Wand entlang mit einer riesigen Badewanne davor, die einen extrem hohen Einstieg hatte. Ich habe sie durch eine bodentiefe Dusche ersetzen lassen, die ich auch später ohne Probleme nutzen kann. Der Badspezialist fragte: »Und der Spiegel?« Ich habe gesagt: »Kleiner und etwas entfernt reicht in meinem Alter auch!« Wir haben beide gelacht – und so ist es doch auch gut!

Es gibt Tage, da finde ich mich noch ganz fit aussehend für 60 Jahre, und andere, da denke ich: Du siehst echt alt aus! Das ist ja immer auch eine Frage des Grundgefühls insgesamt. Es geht darum, den Tatsachen ins Auge zu schauen, ohne in ein großes Jammern zu verfallen. Die Schwiegermutter einer meiner Töchter kam neulich in einem Jeans-Latzkleid zu Besuch. Sie sagte: »Eigentlich habe ich der Verkäuferin gesagt, ich bin zu alt für so etwas, aber dann gefiel es mir so gut, da habe ich doch zugegriffen.« Und sie sah supergut aus darin!

»Altwerden ist nichts für Feiglinge«, hat Joachim Fuchsberger einst ein Buch betitelt.[6] Das ist gut gewählt, finde ich! Joachim Fuchsberger erzählt mit einer gewissen Heiterkeit und Leichtigkeit aus seinem Leben und auch über die Beschwernisse des Altwerdens. Er schreibt: »Die Jahre fordern ihren Tribut. Bei jedem! Die Frage ist vielmehr, wie geht man damit um? Versteckt man die immer deutlicher werdenden Unzulänglichkeiten: Schwerhörigkeit, Gleichgewichtsstörungen, Gliederschmerzen, nachlassendes Reaktionsvermögen, Schlaflosigkeit, Entscheidungsunsicherheit, Sehschwierigkeiten und was es sonst an Alterserscheinungen gibt, oder akzeptiert man das alles möglichst klaglos und versucht, aus dem natürlichen Verfall das Beste zu machen? Sich damit abfinden bedeutet nicht, sich aufgeben und passiv dem unbestimmten und unbekannten Ende entgegenzujammern. Im Gegenteil! Wir Alten sind besser dran, einen für andere und uns selbst erträglichen Kompromiss zu finden. Irgendwo zwischen unintelligenter Koketterie, die uns der Lächerlichkeit preisgibt, und dem

---

6 Joachim Fuchsberger: Altwerden ist nichts für Feiglinge, Gütersloh 2010.

Versuch, mit Anstand und Würde alt zu werden. Diese Würde ist jedem von uns gegeben. Diese Würde ist kein materieller Wert, hat nichts zu tun mit Arm oder Reich. Sie sollte die Summe dessen sein, was dir im Leben beschieden war und was du daraus gemacht hast.«[7]

Das ist doch ein passender Zugang zu unserem eigenen Altwerden. Ja, zum Glück können wir auch über manches lachen. Altwerden heißt nicht, aus dem Leben herauskatapultiert zu werden, sondern auch, zu genießen, beruflich nicht mehr so eingebunden zu sein. Altwerden ist für mich nicht negativ besetzt. Es hat schlicht auch viele Vorteile, die »Rushhour« des Lebens überstanden zu haben und manches gelassener angehen zu können.

Aber in unserer konsumorientierten Kultur gibt es geradezu einen Kult ums Jungsein. Oh, ich schätze vieles an der Freiheit der Gesellschaft, in der ich leben darf! Aber diese Wertschätzung allein der Jugend halte ich für einen Fehler. Dabei finde ich junge Leute wunderbar. Ich kann mich freuen daran, wenn Menschen – je auf eigene Art – schön sind. Ein schöner junger Körper ist faszinierend. Und mir tut es leid, dass so viele junge Leute derart unzufrieden sind, weil sie sich zu dick finden oder hässlich. Die zunehmenden Essstörungen zeigen ja, dass die Selbstwahrnehmung gestört ist.

Mir erscheint es eher lächerlich oder gar zwanghaft, wenn ältere Menschen alles daransetzen, eine Figur

---

[7] Ebd., S. 211 f.

und ein faltenloses Gesicht zu haben wie jemand, der 30 Jahre alt ist. Wenn es in der Bibel im vierten Gebot heißt, Vater und Mutter sollten geehrt werden, dann ist damit nicht so sehr gemeint, Kinder sollten ihren Eltern gehorchen. Vielmehr geht es um den Respekt vor dem Alter, vor der Generation der Alten. Der ist in anderen Kulturen wesentlich höher als in unserer. Auch die großen biblischen Erzählungen von Abraham und Sarah, Isaak und Rebekka, Jakob und Rahel und Lea würdigen die Alten. Das sind dann nicht Patriarchen und Matriarchen, die andere herablassend behandeln, sondern Respektspersonen, die geliebt werden, weil sie Wege gegangen sind, auf denen wir ihnen nachfolgen. Sie werden gewürdigt. Um ein Altern in Würde geht es, da hatte Joachim Fuchsberger völlig recht. Dafür sollten die Alten einstehen. Aber eben auch die Gesellschaft insgesamt, die Menschen ein solches Altern und auch ein Sterben in Würde ermöglicht.

Und dabei gibt es Interessantes zu beobachten. Im Museum bekomme ich jetzt Ermäßigung, wenn ich meinen nagelneuen »Pensionärsausweis« (inklusive Sprache gibt es da offenbar nicht) vorzeige. Aber die *Deutsche Bahn* hat mich enttäuscht. Acht Jahre lang war ich Besitzerin einer ›Bahncard 100‹ – eine großartige Erfindung, die für mich das Auto wirklich ersetzt hat. Ab 60 kann der Mensch eine solche Bahncard nicht mehr erwerben. Warum, frage ich mich. Das ist doch wirklich Altersdiskriminierung.

Wenn ich etwas besonders genieße am Altwerden, dann sind das die Erfahrungen, auf die ich bei vielen

Fragen zurückgreifen kann, und eine neue Gelassenheit. Dies geht vielen Frauen so. Eine meiner Freundinnen, die Therapeutin ist, sagt, dass ihr die Erfahrungen, die sie im Leben und im Beruf gemacht hat, sehr zugutekommen. Sie merkt, dass sie im Laufe der Jahre in ihrem Beruf immer besser geworden ist. Ich denke, das ist auch als Seelsorgerin so. Ich habe im Laufe der Jahre gelernt, besser zuzuhören, nicht sofort Lösungen finden zu wollen. Der Wert der Erfahrung lässt sich aber auch in vielen anderen Berufen erkennen. Ein erfahrener Ingenieur weiß durch jahrelange Praxis, was in seinem Arbeitsfeld funktionieren kann und was nicht. Eine Bäckerin, die ihr halbes Leben in der Backstube verbracht hat, muss nicht alle Zutaten einzeln abwiegen, sie hat im Gefühl, wie der Teig aussehen muss, damit das Brot am Ende gelingt. Es ist zu hoffen, dass auch Betriebe das wieder stärker erkennen und es mehr Wertschätzung für solche Erfahrung gibt.

Im Jahr 2017 habe ich aus Anlass des Reformationsjubiläumsjahres in Wittenberg mit vielen jüngeren Leuten zusammengearbeitet. Das hat mir viel Spaß gemacht. Aber es gab auch Situationen, da herrschte plötzlich Krisenstimmung, wenn etwas schieflief. Ich hatte den Eindruck, dass ich besonders in diesen Momenten Ruhe und Gelassenheit einbringen konnte. Denn: Angespannte berufliche Situationen habe ich immer wieder erlebt. Ich weiß, wie wichtig es in solchen Momenten ist, nichts zu überstürzen, erst einmal genau zu schauen, was das Problem ist, um dann abgestimmt die nächsten Schritte zu gehen. Nur keine Panik! Heute soll alles ganz schnell gehen, die Mail soll im Minutentempo beantwortet sein. Aber der Rat, »eine Nacht darüber zu schlafen«, ist manchmal auch nützlich, um uns vor Fehlern zu bewahren.

Und ich weiß eben auch: Menschen machen Fehler. Aber in der Regel lassen sie sich wieder korrigieren, wenn alle es wollen. Das habe ich auch von Älteren gelernt. Ich denke zum Beispiel an Ernst Benda mit Dankbarkeit zurück. Erst waren alle skeptisch, als er ins Kirchentagspräsidium kam. Als er Präsident war, hatte ich mächtig Respekt vor ihm. Er hatte die innere Freiheit, mich als 35-Jährige zur Generalsekretärin zu berufen, und wir haben den Hamburger Kirchentag 1995 miteinander verantwortet. Der Druck um einen Konflikt mit dem Shell-Konzern wurde sehr groß, es ging damals um die Versenkung der Ölplattform Brent-Spa. Ich habe von Ernst Benda gelernt, nicht hektisch zu reagieren, unter Druck nicht in Panik zu geraten, sondern Ruhe zu bewahren.

Oder ich denke an Dr. Carola Wolf. Sie war meine erste Pressesprecherin, als ich zum Kirchentag kam. Und sie hatte wirklich Erfahrung, gerade auch als Frau, die sich allein durchs Leben geschlagen hat. Von ihr habe ich zum einen das »Prinzip Wiedervorlage« gelernt. Wenn etwas unklar ist, lieber noch eine Runde warten und erst dann entscheiden. Zum anderen habe ich nie ihren Spruch vergessen: »Wenn die Presse kommt, erst mal Näschen pudern«, auch das hat mir später tatsächlich manchmal geholfen.

Erfahrung war auch gefragt in einer besonders

schweren emotionalen Situation. Viele junge Freiwillige aus aller Welt waren beim Reformationsjubiläum 2017 in Wittenberg dabei. An einem Abend radelte eine Gruppe aus Südamerika von einer Geburtstagsfeier nach Hause. Ganz vorne eine junge Frau aus Kolumbien, 25 Jahre alt. Sie stieß beim Abbiegen gegen die geöffnete Tür eines Polizeiwagens, dessen Besatzung gerade eine Fahrzeugkontrolle durchführte, wurde auf die Gegenfahrbahn geschleudert und überfahren. Sie verstarb kurz darauf im Krankenhaus. Ulrich Schneider, der Geschäftsführer des Vereins, der das Jubiläumsfest in Wittenberg verantwortet hat, rief mich spätabends an, ob ich am nächsten Morgen früh kommen könnte, um eine Trauerandacht zu halten. Da war ein ganzer Raum voller junger Leute, schluchzend, verzweifelt, außer sich. Ich hatte den Musiker Fritz Baltruweit dazugebeten. Wir kennen uns seit 35 Jahren, und es war gut, ihn an diesem Tag an meiner Seite zu wissen. Mit Liedern, Musik, einer Ansprache und Gebeten haben wir versucht, die Gemüter zu beruhigen. Nicht im Sinne von Ablenkungen, sondern ein »Zusichkommen« angesichts des Schocks. Ich war trotz aller Ergriffenheit innerlich ruhig. Das hätte ich vor 20 Jahren mit solcher Ruhe nicht gekonnt. Es braucht eine professionelle Distanz zur akuten Trauer und all den Tränen, die erst die Erfahrung mit sich bringt. Und es braucht die Erfahrung, dass solches Leid zum Leben gehört, dass es immer wieder einbricht in die vermeintlich heile Alltagswelt. Dass der Glaube durch solche Tiefen trägt, ist auch ein Wissen, das erst Erfahrung mit sich bringt. Nach meiner Lebenserfahrung erschüttert der Schmerz den Glauben weniger, je älter ich werde. Ich glaube, dass Gott uns die Kraft schenken kann, mit den Erschütterungen des Lebens weiterzuleben. Und ich habe in meinem Leben erfahren, dass Menschen, die entsetzlich unglücklich sind, weil sie Leid erleben, Menschen, die in diesem Moment wirklich untröstlich sind, auch neue Anfänge erleben können. Wenn wir älter werden, wissen wir, dass es das berühmte Licht am Ende des Tunnels immer wieder gibt. Neue Perspektiven, neues Glück, neue Liebe. Nicht für alle, nicht garantiert, aber doch oft.

Ich habe mich bei den Vorbereitungen und den Veranstaltungen des Reformationsjubiläums daran gefreut, dass ich von Jüngeren wertgeschätzt wurde. Im Maxim-Gorki-Theater hat Naika Foroutan, eine junge, intelligente Wissenschaftlerin, einen Vortrag in einer Reihe zum Themenkreis »Reformatorinnen heute« gehalten. Der Vortrag hat mich begeistert, weil sie so gute, neue Gedanken eingebracht hat. Etwa, dass wir über eine »postmigrantische Definition« von Deutschland nachdenken müssten, das hat mir eingeleuchtet und imponiert. Eingeführt wurde sie von Fatima Moumouni, einer jungen deutschen Theaterwissenschaftlerin. Sie hat auf äußerst humorvolle Weise dargestellt, wie ihr an einer Schule ein Hausmeister begegnete und zu ihr, nur weil sie dunkelhäutig ist, sagte: »Hier bei uns gibt man sich die Hand.« Zur Runde dazu kam auch Esra Küçük, die ich schon vorher bei einer anderen Gelegenheit kennengelernt hatte.

Eine Veranstaltung im Maxim-Gorki-Theater, bei der Jakob Augstein ein Gespräch mit mir führte, wurde damals massiv von der sogenannten Identitären Bewegung gestört. Esra, eine kleine, zarte, junge Frau stellte sich vehement vor die brüllenden jungen Männer und hat von ihrem Hausrecht Gebrauch gemacht. Auch das hat mir imponiert. Drei tolle junge Frauen, an denen für mich exemplarisch deutlich wird: Es geht weiter mit dem kritischen Denken und Nachfragen. Alle drei sind hochgebildet, problembewusst, dabei aber humorvoll, reflektiert und in keiner Weise verbissen. Es war eine Freude, ihnen zuzuhören.

So eine Begegnung kann auch trösten, wenn du das Gefühl hast, all das jahrelange Engagement für Gerechtigkeit und Frieden hat bislang zu nichts geführt. Das Unrecht schreit zum Himmel, Rassismus und Antisemitismus feiern Urstände, und es sind nicht weniger Kriege geworden auf der Welt, seit ich jung war, sondern mehr. Da gibt es manchmal ja auch ein inneres Seufzen: War denn all das Engagement vergebens? Hat sich die Welt wirklich kein Stück verbessert? Da hatten wir doch so große Hoffnungen, gerade nach der friedlichen Revolution 1989. Dann zu sehen, dass die nächste Generation die anstehenden Aufgaben übernimmt, finde ich ermutigend.

Mir geht das auch so mit Blick auf meine Kirche. Meine Generation hat von den ersten Pfarrerinnen, die es damals gab, viel übernommen. Es ist aber erst mit uns eine Selbstverständlichkeit geworden, dass eine Pfarrerin jede Stelle übernehmen kann, ja auch alle Leitungsämter inklusive dem der Bischöfin wahrnehmen kann. Die nächste Generation wird das wiederum weiterführen, und wenn ich sie so sehe, Gabriele Hartlieb, Anne Gidion oder Elfriede Dörr (in Rumänien), dann weiß ich das in guten Händen. Für mich ist dieses Denken in Kreisläufen des Lebens oder in Linien der Weitergabe des Lebens eine wichtige Grundeinstellung. Dann hängt nicht alles an dir. Als ich Bischöfin wurde, habe ich gesagt: »Eine Schwalbe macht keinen Sommer!« Mir war immer bewusst, dass Einzelkämpfertum die Welt nicht verändert. Die besten Erfahrungen habe ich damit gemacht, dass Menschen zusammen etwas wollten, miteinander überlegt haben, ein Brainstorming möglich war und dann jeder und jede den Teil übernommen hat, der ihm oder ihr möglich war. Und das sind dann gemeinsame Erfolgserlebnisse. Oder gegebenenfalls gemeinsame Misserfolge, die sich miteinander besser betrauern oder bewältigen lassen.

Für mich war beispielsweise eine schlimme Erfahrung, als ein Kind vor der Babyklappe erfror, die ich mit viel Engagement und viel Beteiligung anderer eröffnet hatte. Das war ein furchtbarer Schock am Anfang eines Jahres. Es war so schwierig, auch mit der Presse zu kämpfen. War die Klappe durch den tiefen Frost beschädigt? Hatte der Mensch, der das Kind dorthin brachte, Panik bekommen? War das Kind schon vorher tot? Wo ist die Mutter? Die Staatsanwaltschaft nahm die Suche auf. Was sind da die richtigen Schritte? Ich bin meiner damaligen persönlichen Referentin Silvia Mustert bis heute dankbar, dass sie sich schlicht mit mir in die Situation hineingefühlt hat. Was tun? Unsere Intuition war: Wenn die Mutter dieses Kindes nicht da ist, braucht es doch zumindest eine würdige Bestattung! Und so haben wir gelernt, dass ein »herrenloser Leichnam« – ein furchtbarer Begriff – von einer anderen Person bestattet werden kann. Wir haben einen Sarg ausgesucht und mit dem Bestattungsunternehmen den kleinen »Mose«, wie wir ihn benannt haben, gemeinsam in diesem Sarg Herberge gegeben. Was mich aber besonders gerührt hat, war, dass viele Menschen zur Trauerfeier kamen und ihm, diesem Kind, das so allein war im Sterben, ein würdevolles letztes Geleit gegeben haben. Ein Steinmetz hat ihm einen wunderbaren Grabstein geschenkt. Es war eine traurige Erfahrung, aber auch eine, die mir gezeigt hat: Menschen haben Empathie, sie gehen mit dir, du musst nicht alles allein bewältigen.

Erfahrung bedeutet nicht Rechthabenwollen oder Besserwisserei, sondern Freude, sich zu beteiligen – auch zu raten und zu stärken, wo es gefragt ist.

Vor Kurzem habe ich den Film »Die göttliche Ordnung« gesehen. Es geht um den Kampf Schweizer Frauen um das Wahlrecht. Am Anfang hatte ich Mühe, das Schweizerdeutsch zu verstehen, aber dann hat mich der Film gefesselt. Es ist unfassbar, wie lange es gedauert hat, bis die Frauen dort endlich wählen gehen durften. Sehr schön ist im Film die Rolle der Vroni dargestellt. Sie gehört zur älteren Generation, ist aber entschlossen, die jüngeren Frauen zu ermutigen, für ihre Rechte einzustehen. Mit Humor und Standfestigkeit widerspricht sie den patriarchalen Ansprüchen, auch wenn die Männer versuchen, sie lächerlich zu machen. Sie wagt es, mitzugehen zu einer Demonstration für Frauenrechte, und hört staunend den Ausführungen einer amerikanischen Feministin über die Beschaffenheit der Vagina zu. Vroni stirbt, bevor das Wahlrecht erkämpft ist. Die Protagonistin Nora wirft am Ende des Films ihren Wahlzettel in die Urne und sagt: »Für dich, Vroni.« Solche Gemeinsamkeit über Generationsgrenzen hinweg ist ermutigend.

Als wir an meinem Geburtstagsabend getanzt haben, waren auch zwei 17-jährige Nachbarstöchter, Isabel und Sarah, dabei, bei deren Konfirmation ich vor drei Jahren gepredigt habe. Sie fanden es überraschend, mit einer 60-Jährigen tanzen zu können. Und ich fand es einfach schön, das mit 17-Jährigen tun zu können. Es sind wunderbare junge Mädchen, die ihren Weg im Leben finden werden, davon bin ich überzeugt.

Was ich noch schätze am Älterwerden, ist, dass manches doch an mir abprallt. Ich habe inzwischen viele krisenhafte, üble Situationen und ›Shitstorms‹ erlebt; böse Beschimpfungen, Verleumdungen, Verächtlichmachung, Bedrohung. Früher war ich in solchen Zeiten schnell emotional betroffen, habe Magenschmerzen bekommen, mich geärgert, wenn ich nicht klarstellen konnte, wie die Sache wirklich war. Es gab schlaflose Nächte, weil ich mich derart angegriffen fühlte. Heute lese ich den bitterbösen Brief eines Mannes, der mich wüst beschimpft, und denke nach einer halben Seite: Warum sollte ich den Brief eigentlich zu

Ende lesen? Das tu ich mir nicht mehr an. Für solche Briefe ist ein Papierkorb wie geschaffen, und für pöbelnde Mailschreiber gibt es die Delete-Taste. Wenn der Mann ein Problem hat, mit mir, der Kirche oder seinem eigenen Leben, ich kann es nicht lösen. Ich lasse mich nicht länger zur Projektionsfläche für die Aggressionen anderer machen.

Aber es stimmt auch: »Alt werden ist scheiße.« Das hat die Schweizer Theologin Marga Bührig einmal gesagt, als wir zusammensaßen. Ich habe damals abgewiegelt: »Du bist doch noch so fit.« Aber sie sagte: »Warte nur ab.« Sie war über 70, ich in den 30ern. Es fiel ihr schwer, die Treppen hochzugehen, sie hatte Wasser in den Beinen, vieles wurde langsam in den Bewegungsabläufen. Und ich finde heute, sie hatte recht. Wir sollten auch nichts beschönigen! Die Anzeichen des Altwerdens sind echt ärgerlich! Ich erinnere mich, dass ich auch laut gelacht habe, als meine Referentin einmal sagte: »Irgendwann haben wir Chicken-Wings.« Heute merke ich sehr wohl, dass meine Arme nicht mehr durchtrainiert sind – obwohl ich Sport treibe. Das ist eine Gemeinheit der Natur: die nachlassende körperliche Spannkraft. Du hast schwere Beine, Falten im Gesicht, und die Sache mit der Taille kannst du vergessen. Klar, denke ich manchmal: So »knackig« wie früher wäre ich gern noch mal. Aber andererseits: Unbedingt glücklicher war ich damals nicht, ich habe immer wieder gedacht, ich wäre zu dick, oder ich hatte sonst etwas an mir auszusetzen. Vielleicht trägt sich das Alter am besten mit Humor nach dem Motto:

»Und kriegen wir auch Falten, wir bleiben doch die Alten.«

Benoîte Groult, die Autorin von »Salz auf unserer Haut«, hat einmal gesagt: »Wer behauptet, das Älterwerden ist eine einfache Sache, der lügt. Ich kenne keine Frau, der es angenehm ist, Falten zu kriegen und das, was man an äußerlicher Attraktivität einbüßt, durch sogenannte innere Werte zu ersetzen.« Ich denke, sie hat recht. Deshalb sind wohl im öffentlichen Leben auch nur wenige Frauen zu sehen, die so alt aussehen, wie sie sind. Einige haben sich bis zur Unkenntlichkeit operieren und trainieren lassen. »Alterslos« erscheint so jemandem als Kompliment.

Und doch imponieren uns ja eher Frauen, die zu ihrem Alter stehen. Ich denke an die Schauspielerin Judi Dench. Sie ist 82 und zeigt sich im Interview humorvoll, tiefgründig und lebenslustig.[8] Auf die Frage: »Warum schmerzt es Sie, sich auf der Leinwand zu sehen?«, antwortet sie: »Vielleicht will ich nicht akzeptieren, wie ich heute aussehe. Ich stelle mir einfach gern vor, ich sei ein sehr hochgewachsenes, hübsches Mädchen in den Vierzigern. Die andere Judi will ich gar nicht sehen!«

»Haben Sie eine Liste an Dingen, die Sie unbedingt noch erleben wollen?« »Nein! Nein, so etwas brauche ich nicht. Ich liebe das Leben auch so! Und am meisten liebe ich es, neue Dinge kennenzulernen.«

---

8 »Mein spätes Glück wohnt drei Felder neben mir«, Interview mit Judi Dench, BamS, 24. September 2017.

Ich finde, dieses Interview kann Mut machen. In jeder Lebenslage »geht« noch etwas.

Ja, mir ist schon klar, die Kräfte sind sehr verschieden verteilt. Die einen stecken noch voller Energie, die anderen haben nicht mehr die Motivation, Neues anzufangen. Aber ganz gleich, in welchem Stadium wir uns befinden, wir können etwas beitragen. Unsere Gesellschaft braucht Menschen, die sich für andere einsetzen wollen. Da sind auch die gefragt, die Zeit haben, endlich einmal zuhören können. Viele junge Leute suchen das. Sie finden niemanden, der Zeit hat, mit ihnen in Ruhe zu schauen, wo sie stehen, wohin die Lebensreise geht. Und ich denke an Alleinerziehende, Einsame, Kranke. Wie schön wäre es, wenn wir aufeinander zugingen, um uns gegenseitig zu helfen! Ein offenes Ohr, eine Tasse Tee, eine kleine Freude im Alltag – um solche kleinen Gesten geht es doch. Das Teilen von Lebenserfahrung, Nächstenliebe. Das ist entscheidend. Und ganz gleich, wie es uns geht, wir können uns schöne Tage machen. Nein, es muss nicht immer die Kreuzfahrt auf der Aida sein! An der Krummen Lanke in Berlin habe ich jahrelang im Sommer zwei ältere Damen gesehen, die schon frühmorgens mit Decken und Picknickkorb immer an die gleiche Stelle kamen und dort den Tag offenbar durch und durch genossen haben. Das sah und hörte sich sehr vergnüglich an und war völlig kostenfrei. Die beiden waren ganz offensichtlich zufrieden mit ihrem Sommer, das war fast ansteckend als Lebensgefühl.

Unsere Gesellschaft braucht die Alten! Wir können nicht alle jung, innovativ und mobil sein. Wir brauchen auch Wurzeln und Traditionen, ein Bewusstsein von Geschichte und Generationenabfolge, wenn wir Zukunft gestalten wollen. Und ein bisschen Augenzwinkern oder meinetwegen auch Verrücktheit dürfen wir doch zulassen, finde ich. Es geht nicht nur darum, dass die einen meinen, sich jetzt endlich selbst verwirklichen zu können, die anderen zur gleichen Zeit immer größere gesundheitliche Probleme haben – und vielen schlicht alles zu viel ist, sie keine Beanspruchung mehr wollen. Das Leben will jetzt gelebt werden. Wenn sich manches komisch anfühlt oder seltsam aussieht – dann kann ich auch mal über meinen Zustand lachen. Nein, wir werden nicht jünger. Aber wir können mit Lust und Freude erleben, was wir erleben können. Wir können dem Altwerden doch ins Gesicht schauen und sagen: Ich mache das Beste draus, in aller Freiheit. Das sind, finde ich, schöne Aussichten.

Und Gottes Zusage steht: »Ich will euch tragen, bis ihr grau werdet …« (Jes 46,4). Auch das ist ja ein Teil der Lebenserfahrung, wenn wir Christinnen sind oder auch Juden oder Muslime. Gott begleitet dein Leben durch die Höhen und die Tiefen. Der Glaube wird ruhiger, auch wenn der Zweifel nie völlig verstummt. Mir scheint es wie eine lange, tiefe Beziehung zwischen Partnern oder Freundinnen oder Verwandten: Du weißt, du kannst dich aufeinander verlassen, weil sich das ein Leben lang bewährt hat.

Ja, ich will euch tragen
bis zum Alter hin.
Und ihr sollt einst sagen,
daß ich gnädig bin.
Ihr sollt nicht ergrauen,
ohne daß ich's weiß,
müßt dem Vater trauen,
Kinder sein als Greis.
Ist mein Wort gegeben,
will ich es auch tun,
will euch milde heben:
Ihr dürft stille ruhn.
Stets will ich euch tragen
recht nach Retterart.
Wer sah mich versagen,
wo gebetet ward?
Denkt der vor'gen Zeiten,
wie, der Väter Schar
voller Huld zu leiten,
ich am Werke war.
Denkt der frühern Jahre,
wie auf eurem Pfad
euch das Wunderbare
immer noch genaht.
Laßt nun euer Fragen,
Hilfe ist genug.
Ja, ich will euch tragen,
wie ich immer trug.

Jochen Klepper

3. Rückblick auf die Lebenswege

»Wer die Hand an den Pflug legt und sieht zurück, der ist nicht gemacht für das Reich Gottes ….« Wenn ich diesen Satz im Lukasevangelium (9,62) lese, denke ich immer an den alten Film »Die Heiden von Kummerow«. Er wurde 1967 nach einem Roman von Ehm Welk gedreht und spielt in Pommern, Anfang des 20. Jahrhunderts. Es ist ein bis heute sozial- und kirchenkritischer Film, der einen anrührt, finde ich. Die für mich im Gedächtnis besonders haftende Szene zeigt zwei Jungen, die weiterpflügen wollen, als der Bauer ins Dorf gerufen wird. Sie meinen es gut. Aber es ist zu sehen, wie sie neben die klaren, geraden Furchen des erfahrenen Landwirts ein kurvenreiches Wirrwarr pflügen, das zum Säen sicher nicht geeignet ist. Sie haben schlicht nicht richtig nach vorn geschaut und die Spur aus dem Blick verloren.

Mir ist klar, Jesus geht es in jener Sequenz im Lukasevangelium um den Ernst der Nachfolge. Wer sich dafür entscheidet, soll sich nicht um Weltliches sorgen. Die Beerdigung des Vaters oder der Abschied von der

Familie werden im Evangelium, mit Blick darauf, wie ich als Christ bzw. Christin leben soll und will, als zweitrangig betrachtet. Für den Glauben soll ich mich hier und jetzt entscheiden. Aber es ist eben auch anrührend, wie menschlich es im Evangelium zugeht. Ja, der eine will noch die Eltern begraben, der andere will sich angemessen verabschieden. Das ist alles sehr verständlich. Und doch ist da eine große Strenge in den Worten Jesu: Du musst dich entscheiden für den Weg des Glaubens, und du darfst nicht festhängen an alten Bindungen.

Die beiden Jungen im Film, die den Acker pflügen wollen, schauen zurück und verlieren dabei die Richtung. Der Mensch sollte nach vorn schauen – das raten uns ja in allen Krisen des Lebens die Ärzte, die Freundinnen und Freunde. Wenn es in meinem Leben einen Tiefschlag gab, habe ich versucht, auf mein Herz zu hören, das Problem anzugehen und eine Lösung zu finden. Abzuwarten, ob sich irgendwann doch alles von alleine löst, oder im Rückblick den Fehler zu finden und diesen immer und immer wieder durchzudenken, das ist nicht meine Art. Es hilft nichts, an den Fehlern festzuhalten, wir müssen mit ihnen leben. Und manchmal verstehen wir Zusammenhänge ja auch wirklich erst im Rückblick. Der dänische Theologe Søren Kierkegaard hat das unnachahmlich ausgedrückt: »Leben lässt sich nur rückwärts verstehen, muss aber vorwärts gelebt werden.«

Nachdem ich von meinen Ämtern als Landesbischöfin und Ratsvorsitzende der EKD zurückgetreten war, haben mich noch jahrelang Journalisten gefragt, ob der Verzicht nicht vorschnell gewesen sei, ob ich es nicht bereue oder bedaure, all die Macht verloren zu haben. Da kann ich in aller Freiheit sagen, dass es nicht so war. Die Situation war wahrhaftig nicht schön, und die Verfolgung durch Paparazzi und Kamerateams fand ich albtraumhaft. Das möchte niemand erleben, denke ich. Aber die Ämter konnte ich gut loslassen. Allenfalls hatte ich ein schlechtes Gewissen den Menschen gegenüber, die mich gewählt und mir damit diese Ämter anvertraut haben.

Ein einziges Mal dachte ich, jetzt wäre es doch gut, noch Ratsvorsitzende zu sein: Das war 2012, als Papst Benedikt nach Erfurt kam und ich dort im Augustinerkloster den Eindruck hatte, die Kirche sei eine reine Männerveranstaltung. Wäre ich noch im Amt gewesen, hätte der Papst sich mit einer Frau im Bischofsamt an der Seite zeigen müssen. Aber das wurde dann nachgeholt, als Papst Franziskus am 31. Oktober 2016 in Lund das Reformationsjubiläumsjahr an der Seite der schwedischen Erzbischöfin Antje Jackélen eröffnete. Insofern gilt es auch in solchen Situationen Gelassenheit zu bewahren. Alles hat seine Zeit, und jeder Mensch kann ersetzt werden. Wer das ernst nimmt, muss nicht ständig mit Vergangenem hadern und nicht an Ämtern kleben. Ich finde, es macht Menschen eher bitter, wenn sie ständig einer bestimmten Situation, einer alten Liebe, einer beruflichen Chance nachtrauern.

Ob ich anderes bereue, wurde ich in Interviews zu meinem Ruhestand mehrfach gefragt. Es gibt ein Buch von Bronnie Ware mit dem Titel »Fünf Dinge, die Sterbende am meisten bereuen«. Es geht in den Interviews, die Bronnie Ware mit den Sterbenden geführt hat, oft darum, dass sie gern mehr Zeit mit der Familie verbracht, lieber mehr Zeit in Freundschaften investiert hätten. Dafür muss ein Mensch eigentlich nicht sterbenskrank werden, um das zu wissen. Damit kann der Mensch auch früher anfangen. Ebenso traurig finde ich, wenn jemand schreibt: Als ich die Krebsdiagnose hatte, habe ich mein Leben völlig geändert! Wenn ich einmal in Ruhe nachdenke und sehe, im Leben setze ich gerade völlig falsche Akzente, dann benötige ich doch keine Krebsdiagnose, um das zu ändern! Aber das Buch ist zu einem großen Erfolg geworden. Viele wollten es wissen – was du am Ende vielleicht bereust, um zu vermeiden, dass es uns letztlich selbst so geht.

Und wie ist es bei mir? Wenn ich darüber nachdenke, merke ich: So richtig bereue ich nichts. Sicher, ich habe Fehler gemacht. Der bekannteste: nach Alkoholkonsum Auto zu fahren. Das ist in der Tat ein eklatanter Fehler. Und in meinem Fall weiß darum sogar gefühlt die halbe Nation. Ich habe natürlich bereut, dass es so gekommen ist und ich an jenem Abend so dumm war, noch loszufahren. Aber dass darauf immer wieder herumgeritten wird, nervt mich manchmal. Als meine Biografie erschien,[9] war ich bei Markus Lanz eingeladen, ich denke, inzwischen zum vierten Mal. Es hätte um vieles in meinem Leben gehen können in dem Ge-

---

9 Vgl. Uwe Birnstein: Margot Käßmann – Folge dem, was Dein Herz Dir rät, München 2018.

spräch, aber wieder war für ihn primär diese »Alkoholfahrt« von Interesse. Ich habe dann gesagt, dass in meinem Leben seitdem, in mehr als acht Jahren, viel Wesentlicheres passiert sei. Mir selbst habe ich den Fehler vergeben, und es ist nicht mehr so wichtig für mich. Das Publikum in der Sendung hat in diesem Moment spontan applaudiert, und mir wurde klar, dass viele das so sehen.

Aber selbstverständlich ist es auch gut und wichtig, zurückzuschauen. Wenn du älter wirst, so ist mein Eindruck, kannst du nicht nur dir selbst leichter vergeben, sondern auch andere siehst du in milderem Licht. Und es blitzen Erinnerungen auf, von denen du gar nichts mehr wusstest. Als Andreas, ein Freund aus meiner Jugendzeit, die Lieder für das Tanzen auf meiner Geburtstagsfeier ausgesucht hat, haben wir viel zurückgedacht. Wir haben Songs angestimmt, von denen ich gar nicht mehr wusste, dass ich sie kannte. Boney M: »By the Rivers of Babylon« beispielsweise, oder Gilbert O'Sullivan: »Get Down«. Plötzlich fielen uns Melodie und Text ein – und Situationen, in denen wir das gehört haben.

Es gibt Gerüche, Geräusche, Farben, die in uns Erinnerungen aufblitzen lassen. An meinem Häuschen an der Ostsee habe ich ein paar Rosen gepflanzt, obwohl mein Nachbar mich gewarnt hat, dass sie in dem Sandboden schwer gedeihen. Eine ist eine Kletterrose, die ich für zwei Euro auf dem polnischen Markt in Swinemünde gekauft habe. Und erstaunlicherweise: Sie klettert und klettert und produziert Blüte auf Blüte. Sie erinnert mich an unsere Terrasse in Stadtallendorf, wo in meiner Kindheit eine solche Rose unermüdlich Farben sprühte. Solche Erinnerungen beheimaten uns ja auch. Sie sind nicht an einen Ort gebunden. Zu ihrem 75. Geburtstag bin ich mit meiner Mutter nach Polen gefahren, an den Ort, an dem sie geboren wurde und aufgewachsen ist. Sie erkannte vor allem die Natur wieder, die Bäume. Aber am Ende sagte sie: Das war schön, doch Heimat ist jetzt woanders. Das geht sicher den Flüchtlingen auch so, die heute in unser Land kommen. Gerichte, die sie kochen, Erzählungen, die sie teilen, das sind wichtige Verwurzelungen. Aber sie beheimaten sich mit diesen Erinnerungen jetzt hier in Deutschland.

Dabei spielt natürlich auch der Glaube eine große Rolle, wenn Menschen einen Gottesbezug haben. Beim Nachdenken über meinen Glauben und meine Rolle in der evangelischen Kirche bedaure ich manchmal, nicht noch stärker das Thema »Frauen und Religion« in den Vordergrund gerückt zu haben. Gewiss, ich habe das ohnehin getan, zum Beispiel als erste Frau im Amt als Generalsekretärin des Kirchentags, als erste Landesbischöfin in Hannover und als erste Ratsvorsitzende der EKD. Aber mir scheint, in den Kirchen wird das Thema bis heute noch immer nicht wirklich ernst genommen.

Pfingsten beispielsweise wird jedes Jahr der »Geburtstag der Kirche« gefeiert. Bis dahin waren die Frauen und Männer, die Jesus nachgefolgt waren, nach dessen Tod ängstlich zu Hause geblieben. Jesus war hingerichtet worden, sie hatten Angst, sie könnten auch verhaftet werden. Einige Frauen hatten zwar erzählt, sie hätten den Auferstandenen gesehen, aber wer glaubt schon Frauen? Und dann, fünfzig Tage später, kommt auf einmal Bewegung in die Geschichte. Die Jüngerinnen und Jünger bleiben nicht länger stumm, sondern sie erzählen öffentlich von ihrer Erfahrung mit Jesus. Sie sagen anderen, dass sie überzeugt sind, der Tod hatte nicht das letzte Wort, sondern die Liebe Gottes ist größer als der Tod. Da wirkt auf einmal Gottes Geist! Hebräisch ist das ein weibliches Wort: Ruah. Die Kirche wird also geboren durch Geistkraft!

Schade eigentlich, wie wenig sichtbar das ist. Die meisten Kirchen werden immer noch durch Männer repräsentiert: Priester, Bischöfe, Patriarchen. Dabei hat Jesus doch als Erstes Frauen mit der Verkündigung beauftragt. Sie waren treu bei ihm geblieben, als er gekreuzigt wurde, und kamen später zum Grab, um ihn zu salben. Maria, die Mutter Jesu, und Maria von Magdala spielen eine entscheidende Rolle. Und ich denke an die Apostelin Junia, deren Name später zu Junias umgewandelt wurde, weil Männer sich eine Frau in diesem Amt nicht vorstellen konnten. Ihr Name ist nahezu in Vergessenheit geraten. Für das Magazin *Cicero* habe ich einmal mit Kardinal Brandmüller diskutiert und diese Apostelin erwähnt. Er war ganz empört und fragte, wo ich das denn herhaben wolle. Zu meiner großen Freude ist diese Junia aber jetzt ganz offiziell genannt, sowohl in der revidierten Luther-Übersetzung 2017 als auch in der römisch-katholischen Einheitsübersetzung im selben Jahr. Es bewegt sich also doch etwas!

Es gibt so viele Beispiele charismatischer Frauen in Bibel und Kirchengeschichte! Lydia etwa, sie leitete eine der ersten christlichen Gemeinden. Oder Elisabeth von Rochlitz und Elisabeth von Calenberg, die in der Reformationszeit eine große Rolle spielten. Und die Kirche ist weiblich geblieben. Frauen tragen die Kirche in aller Welt. In Russland habe ich erlebt, wie sie liebevoll die Kathedralen pflegen. In Tansania haben die Frauen im Gottesdienst applaudiert, als Bischof Mwakyolile mich vorstellte und sagte, ich sei echt eine Bischöfin. Danach haben sie mit mir getanzt. In Bolivien sind Frauen drei Stunden gelaufen, um den Gottesdienst zu besuchen, und dann haben sie dafür gesorgt, dass es danach Kartoffeln zu essen gab und die Menschen beieinander blieben und die Gemeinschaft feierten.

Und Frauen sind es, die den Glauben weitergeben. Sie tragen meist die Kindergottesdienst-Arbeit in den Gemeinden. Und sie singen abends ein Lied für die Kleinen. Ein Lied wie »Dies Kind soll unverletzt sein« – meine Kinder haben das geliebt, meine Enkel mögen es ebenso. Frauen erzählen die großen Geschichten von Abraham und Sarah, von Noah und seiner Familie, von Jesus, der Kinder liebte. Und sie trösten mit den alten Psalmen und Gebeten, wo Trost gebraucht wird.

Ich denke nicht, dass Frauen bessere Menschen sind. Aber sie haben mehr Vertrauen ins Leben, ja mehr

Gottvertrauen, weil sie mit der Geburt der Kinder selbst Leben weitergeben. Die Geistkraft trägt sie, wo sie sich schwach fühlen. Und sie wissen sich in einer Tradition mit den Müttern der Bibel, mit Lea und Rahel, mit Hanna und Rebekka, mit Esther und Sarah. Es ist wunderbar, in einer solchen Kette der Weitergabe des Glaubens Halt, Beheimatung und damit Haltung zu finden.

In den großen Religionen der Welt spiegelt sich das leider nicht. Da wollen die Männer den Frauen noch nicht einmal die Hand geben – das ist nicht nur im Islam so, das ist mir auch bei Vertretern des Judentums oder der russisch-orthodoxen Kirche passiert. Und die Männer wollen Frauen ständig verhüllen, das gibt es im Islam, aber auch im Judentum und im Christentum. Lange war es so, dass eine »züchtige« Frau mit Kopftuch zur Kirche ging. Und weibliche Sexualität wird von Religionsführern gern als Sünde bezeichnet. Am besten sollen alle Jungfrau sein und gleich auch noch Mutter dazu. Menstruation und Gebären wird als »unrein« angesehen, dabei ist es doch geradezu »heilig«, weil so neues Leben möglich wird. Es gab Zeiten, da durften Frauen erst nach dem Klimakterium, nach der hormonellen Umstellung, die man gemeinhin »die Wechseljahre« nennt, in römisch-katholischen Kirchen den Altarraum putzen. Und bis in die 70er-Jahre hinein musste eine evangelische Pfarrerin ihre Ordinationsrechte zurückgeben, wenn sie heiratete. Was hat das alles mit Gott zu tun? Das frage ich mich.

Wie sähe es wohl aus, wenn die Kirchen hauptsächlich durch Frauen repräsentiert würden? Oder noch weiter gedacht: Wenn die Religionen der Welt durch Frauen repräsentiert würden? Da wäre manches anders, davon bin ich überzeugt. Es wäre mehr von der Liebe Gottes die Rede und weniger von einem strafenden Gott. Es gäbe mehr Engagement für Frieden in der Welt, weil Krieg Gotteslästerung ist. Und die Religionen würden einstehen für die Bewahrung der Schöpfung, weil wir Haushalterinnen Gottes sind, die Verantwortung haben für nachfolgende Generationen.

Wenn ich mich in Zukunft engagieren werde, dann für die Frauen in dieser Welt, die immer noch so sehr zu kämpfen haben. Seit vielen Jahren bin ich Mitglied des Kuratoriums der Deutschen Stiftung Weltbevölkerung. Sie engagiert sich, um Frauen und Mädchen in aller Welt aufzuklären und ihnen Zugang zu Verhütungsmitteln zu verschaffen, weil das ein Menschenrecht ist. Als ich in eine Schule in Äthiopien eingeladen war, fragte ich den Direktor, warum es in den unteren Klassen so viele Mädchen gibt, in den oberen so wenige. Er erklärte, dass die Mädchen irgendwann auf dem Schulweg vergewaltigt und danach schwanger werden, das war es dann mit der Schule. Das kann doch nicht einfach so hingenommen werden!

Mädchen in aller Welt brauchen Unterstützung, und sie brauchen Vorbilder. Vor Jahren habe ich eine Mädchenschule in Tranquebar in Indien besucht. Es war schwer für die Mädchen, zu verstehen, dass ich die »Leiterin« der Delegation war. So etwas gab es in ihrer Vorstellung bislang schlicht nicht. Aber als sie es verstanden hatten, waren sie hingerissen, ich konnte kaum noch gerade stehen, so viele Kränze wollten sie mir umlegen. Die Direktorin der Mädchenschule ist eine bewundernswerte Frau. Sie nimmt verstoßene Mädchen auf und verschafft ihnen Zugang zu Bildung und Selbstständigkeit. Solche Menschen sollten Nobelpreise erhalten!

Ich bin meiner Kirche dankbar, dass ich so viele Länder bereisen durfte, so viele Menschen kennenlernen konnte. Das hat meinen Horizont enorm erweitert. Mir war dadurch immer sehr präsent: Deutschland ist nur ein Land unter vielen. Es kann nicht sein, dass wir in Wohlstand und Frieden leben, während andere unter Hunger leiden und in Kriege verwickelt sind, an denen wir durch unsere Rüstungsexporte auch noch verdienen. Wenn es dann noch Nationalismus und Rassismus gibt, weil einige meinen, sie hätten diesen Wohlstand irgendwie selbst verdient, oder seien anderen überlegen, dann kocht in mir der Zorn. Dafür habe ich mich einmal entschuldigt, worauf mir ein älterer Kollege schrieb: Zorn ohne Gewalt sei evangelisch erlaubt.

Auch die deutsche Kirche ist nur eine Provinz der Weltchristenheit, wie der evangelische Theologe Ernst Lange schon 1974 schrieb. Es gibt ganz andere Formen des Kircheseins. Fröhlicher vor allem und leichter. Ich musste lachen, als ich las, auf die Predigt von Bischof Michael Curry anlässlich der Hochzeit von Prinz Harry und Meghan Markle in Windsor am 19. Mai 2018 hätten einige Anwesende mit »schockgefrorenen Gesichtern« reagiert.[10] Weil sich da so viel Lebendigkeit des Glaubens, Leichtigkeit, Fröhlichkeit im britisch-anglikanischen Kontext zeigten? Oh, wie sehr würden viele Gemeinden in Europa sich das wünschen! Und Bischof Curry erzählte lachend in einer US-Late-Night-Show, wie anstrengend es gewesen sei, charismatisch zu predigen, während ihn 500 britische Hochzeitsgäste schockgefroren anschauen. Er ist ein großartiger Prediger, selbst bei einem Auftritt in der Talkshow.

Manchmal bedaure ich auch, mich in Fragen der weltweiten Gerechtigkeit nicht viel stärker und klarer engagiert zu haben. Oder dass ich nicht mehr von den Erfahrungen, die ich in der Kirche weltweit machen durfte, bei uns einbringen konnte. Aber wer weiß, vielleicht ist in den kommenden Jahren ja noch Gelegenheit dazu ….

Wenn wir älter werden, schauen wir also offensichtlich nicht nur nach vorn, um den Pflug gerade zu ziehen, sondern doch auch immer öfter zurück. Vielleicht, so meinte ein Freund neulich, liegt das auch daran, dass mehr Lebenszeit hinter uns liegt als vor uns. Vor uns kommt nicht mehr so viel, da ist mehr im Nachhinein zu betrachten. Und das stimmt ja auch: Wer 30 Jahre alt ist, schaut selten zurück. Wer 60 Jahre alt ist, schon öfter. Und solche Rückblicke, Erinnerungen und Erfahrungen sollten wir auch weitergeben.

Seit einigen Jahren gibt es eine große Nachfrage

---

10 Vgl. Tanja Rest: Kür Royal, in: Süddeutsche Zeitung, 22. Mai 2018.

nach Eintragebüchern der Holländerin Elma van Fleet. Sie lädt dazu ein, selbst zurückzublicken und damit auch der Familie oder den Freunden einen Einblick in das bisherige Leben zu geben. Bücher mit Titeln wie »Papa erzähl mal«, »Mama …«, »Oma …«, »Opa erzähl mal«. Wenn es dazu hilft, den eigenen Weg auf eine gute Art und Weise zu reflektieren und die Erfahrungen so mit seinen Liebsten zu teilen, ist dies bestimmt eine gute Sache. Gerade in Familien, in denen nicht so viel geredet wird, kann das hilfreich sein. Viel zu oft habe ich in meiner Generation gehört, dass da ein großes Bedauern war: Ich hätte meinen Großvater oder ich hätte meine Mutter doch noch genauer fragen sollen, als die Zeit dafür reif war. Nun ist es zu spät.

Es ist schön, von den Generationen vor uns zu wissen, das ordnet unser eigenes Leben ein in einen größeren Kontext. Allerdings stöhnte neulich ein Kollege in meinem Alter: Oje, muss ich das jetzt alles aufschreiben?

Mir ist manchmal vorgeworfen worden: Sie hat das Private öffentlich gemacht. Das stimmt schlicht nicht. Eine Brustkrebserkrankung oder die eigene Scheidung kann eine Bischöfin nicht vor der Öffentlichkeit geheim halten. Wie sollte denn erklärt werden, dass du plötzlich alle Termine für einen Zeitraum von mehr als zwei Monaten absagst? Das wäre Anlass für jede Menge wilder Spekulationen. Warum also nicht die Tatsachen in aller Kürze in einer Pressemeldung durch das Landeskirchenamt bekannt geben lassen? Das Gleiche gilt auch für die Trennungsgeschichte: Mir wurde damals klar gesagt: Sobald Ihre Scheidungsakten bei Gericht sind, wird das direkt zu den Medien »durchgereicht«. Also habe ich mich entschlossen, die Tatsache der Scheidung besser kurz und knapp selbst öffentlich zu machen und damit jede weitere Skandalisierung zu vermeiden. Grundsätzlich ist es immer besser, selbst zu agieren, als bloß auf die Aktionen anderer zu reagieren. So auch in diesem Fall. Eine Pressemeldung kann in Ruhe formuliert und überdacht werden. Auf einen Zeitungsbericht mit einem Dementi zu reagieren, hat eine ganz andere Wirkung. Denn was einmal als Meldung wahrgenommen wurde, lässt sich schwerlich zurückdrehen. Manches aus meinem Leben ist weithin bekannt geworden. Aber über mein ganz privates Leben in der Familie weiß die Öffentlichkeit so gut wie nichts, und das ist gut so, denn es geht ja vor allem um den Schutz der Menschen, die wir lieben oder einmal geliebt haben.

So würde ich niemals alles erzählen oder aufschreiben, was in meinem Leben für mich ganz privat wichtig war. Auch würde ich meine Tagebücher nicht veröffentlichen oder eine Autobiografie schreiben. Da gibt es geschützte Räume und Gefühle, die niemanden etwas angehen. Wenn Menschen in Autobiografien über frühere Beziehungen schreiben, ohne dass die ehemaligen Partnerinnen oder Partner das autorisieren können, war das aus meiner Sicht respektlos. Denn die Liebe zwischen zwei Menschen ist doch eine tiefe Vertrauenssituation. Wenn ein Paar sich liebt, vertraut es sich in dieser ganz besonderen Zeit der Beziehung einander ja auch Lebensfragen und Lebensängste an, die sonst keinen etwas angehen. Das später zu veröffentlichen, finde ich erbärmlich – es ist ein Vertrauensbruch. Das Gleiche gilt mit Blick auf Kinder, auch da haben Eltern doch eine Verantwortung, nicht der ganzen Welt zu erzählen, was sie beispielsweise in der Pubertät mit ihnen erlebt haben. Welcher Erwachsene möchte lesen, welche schwierigen Situationen er in der Pubertät zu meistern hatte? Was alles schiefgegangen ist, wo er sich vielleicht total danebenbenommen hat. Im Familienkreis kann im Nachhinein mal darüber gelästert und gelacht werden – weil dies ein geschützter Raum ist. Aber alles andere finde ich schwierig. Und ich respektiere absolut, dass meine Kinder keine Fotos ihrer Kinder öffentlich sehen wollen. Da haben sich die Zeiten geändert, wir sind alle vorsichtiger geworden, weil im Internet die Verbreitung nicht mehr gesteuert werden kann.

Beim Zurückblicken gibt es natürlich verschiedene Haltungen. Die einen klagen – vor anderen oder vor sich selbst. Das geht nach dem Motto: Ich habe so viel falsch gemacht! Der falsche Beruf, die falschen Freunde, der falsche Mann. Wenn ich noch einmal neu entscheiden könnte, würde ich alles ganz anders machen. Das sind Menschen, die keinen Frieden finden mit den Abzweigungen des Lebens, an denen sie sich für das eine oder andere entschieden haben. Aber das hilft doch nicht weiter! Wir müssen uns im Leben immer wieder entscheiden. Will ich heiraten? Und wenn ja, dann diesen Menschen? Welchen Beruf will ich ergreifen? Nehme ich das Stellenangebot an? Entscheide ich mich für Kinder? Und wenn ja, für wie viele? Nicht zu entscheiden ist keine Alternative.

Und dann gibt es Abzweigungen, die werden uns auferlegt: Da kann eine Frau überhaupt keine Kinder bekommen, obwohl sie es so gerne möchte – und muss damit leben lernen. Der Ehemann findet eine neue Liebe, und es gibt nichts, was du als seine langjährige Partnerin dagegen tun könntest. Du wirst schwer krank, und ab jetzt bestimmt die Behandlung deinen Lebensrhythmus. Natürlich können wir damit hadern, uns fragen, warum gerade wir. Oder wir können verbissen versuchen, die Situation zu ändern. Aber das hilft in der Regel nicht. Besser ist, die Abzweigung zu nehmen, den Weg weiter zu gehen mit der Belastung, mit dem Bruch, mit der Enttäuschung.

Im Rückblick auf das Leben sagen zu können: Gut war's! Ja, da gab es wohl Fehlentscheidungen hier und da, aber es ist nicht mehr zu ändern. Damals habe ich nach bestem Wissen und Gewissen entschieden. Heute sehe ich es anders, aber was soll's? Das ist eine vernünftige Einstellung. Denn mit irgendetwas immer wieder zu hadern hilft niemandem, am wenigsten mir selbst. Ich möchte keine verhärmte Gestalt werden, die ständig über die Vergangenheit klagt, sondern jetzt mein Leben leben.

Mir gefällt dabei die Geschichte des biblischen Joseph so gut. Als der Vater stirbt, bekommen die Brüder Angst, er könnte sich jetzt dafür rächen, dass sie ihn einst verraten und verkauft haben. Joseph aber sagt:

»Ihr gedachtet es böse mit mir zu machen, aber Gott gedachte, es gut zu machen.« (1. Mose 50,20) Das ist eine gute Haltung. Ja, Menschen verletzen einander, tun dem anderen weh.

Mir imponiert an der Bibel auch immer wieder, dass sie mit Blick auf die Darstellung solcher Situationen sehr realistische Schilderungen enthält. Noah wird von den Nachbarn ausgelacht, als er die Arche baut. Judas verrät Jesus für ein Bestechungsgeld. Petrus leugnet, Jesus gekannt zu haben, aus Angst, selbst verhaftet zu werden. Ich finde das hilfreich, weil es zeigt: Hier wird nicht beschönigt oder idealisiert, sondern vom realen Leben erzählt, von Menschen, so wie sie nun einmal sind. Gerade die Josephsgeschichte steht exemplarisch dafür, wie ein Mensch versucht, Haltung zu bewahren – mitten in den Erfahrungen von Enttäuschung, Verrat, Angst und Unsicherheit. Im Studium habe ich einmal in einer Vorlesung gehört, dass es in dieser Geschichte betont wenig um Gott geht. Sondern darum, wie ein Mensch seine Ideale lebt.

Joseph war ja ganz offensichtlich ein verwöhntes und etwas hochnäsiges Kind. Aber als er einsam und verlassen, ja mit der furchtbaren Erfahrung, von seinen Brüdern verraten worden zu sein, in der Fremde allein ist, trägt ihn ganz offensichtlich die Liebe des Vaters, die er erleben durfte, und sein Glaube, dass Gott ihn nicht fallen lässt. Wenn Sie Zeit haben, lesen Sie das doch einmal nach: erstes Buch Mose, Kapitel 36–50. Ich wurde einmal in einem Interview gefragt, ob sich die Bibel auch als Urlaubslektüre empfehle, da habe ich diese Kapitel angegeben. Thomas Mann hat diese Geschichte als großen Roman ausgeschmückt. Aber das Original reicht, finde ich, um die tiefgründigen Beziehungen zu erahnen und die eigene Fantasie spielen zu lassen. Eine biblische »Novelle« wird die Geschichte manchmal genannt.

Joseph muss sich auseinandersetzen mit einem fremden Land, mit fremder Sprache. Er widersteht den Verführungsversuchen durch die Ehefrau seines Herren und landet durch eine Intrige dafür dennoch im Gefängnis. Er begreift, dass er die Gabe hat, Träume zu deuten, wird ein reicher und einflussreicher Mann und begegnet in dieser Überlegenheitsposition denen wieder, die ihm so viel Leid zugefügt haben. Aber Joseph hat eine große innere Stärke: Er kann vergeben. Anfangs erlebt er noch die Versuchung der Rache: Ich könnte es ihnen zurückzahlen, mit gleicher Münze vergelten, mit Verrat und Angst. Aber dann gewinnt der Großmut Oberhand. Und das gibt ihm am Ende Freiheit.

Nun ist Vergebung ein großes Thema. Ich bin froh, dass im christlichen Glauben Vergebung so eine große Rolle spielt, in anderen Religionen ist das offenbar anders. Im Zoastrismus beispielsweise gibt es sie einfach nicht, erklärte mir eine Iranerin. Diese Eröffnung einer neuen Lebenschance durch Vergebung hat sie am christlichen Glauben derart fasziniert, dass sie konvertiert ist. Zum einen ist Vergebung natürlich für die Täter ein Hoffnungsschimmer. Dass du die Chance bekommst, deine Schuld zu begreifen und dann neu anzufangen, das ist eine große Lebenszusage. Ein Gefängnisdirektor hat mir einmal gesagt, für viele, gerade jugendliche Straftäter, sei dies das Schwerste: der eigenen Schuld ins Auge zu schauen.

Ob die Opfer den Tätern vergeben können, ist eine andere Frage. Aber wenn sie es nicht können, dann kann die Gesellschaft Tätern einen neuen Anfang ermöglichen. Das sagt unser Rechtssystem in Deutschland. Und es ist ein hohes Gut, das sich von den Werten her aus christlichen Grundüberzeugungen speist.

Vergeben-Können bedeutet Freiheit. Ja, mir ist bewusst, das lässt sich nicht erzwingen. Niemand kann und soll unter Druck vergeben. Aber, das ist meine Erfahrung: Wer vergeben kann, gewinnt Kraft, nach dem Erlittenen weiterzuleben. Beim Altwerden ist es eine Freiheit, dir selbst und anderen vergeben zu können, wenn es an Abzweigungen falsche Entscheidungen und Verletzungen gegeben hat.

In dem Film von Fatih Akin, »Aus dem Nichts«, der 2017 in die Kinos kam, wird in Anlehnung an die Verbrechen des NSU-Terrors die Geschichte von Katja erzählt. Sie muss erleben, dass ihr Mann Nuri und ihr Sohn Rocco durch ein Attentat mit einer Nagelbombe ermordet werden. Täter sind zwei junge Neonazis, Edda und André. Sie werden in einem für Katja schwer zu ertragenden Prozess freigesprochen. Der Schmerz von Katja ist furchtbar, Diane Kruger spielt das eindrücklich. Am Ende spürt sie die Täter in Griechenland auf. Sie baut eine Nagelbombe, die sie unter deren Wohnwagen legt, als die beiden joggen gehen. Im letzten Moment überlegt sie es sich anders. An diesem Punkt dachte ich: Gut so, du brauchst keine Rache. Du hättest sie haben können, aber indem du darauf verzichtest, wirst du wieder frei atmen, ja mit dem furchtbaren Verlust leben können. Aber dann geht Katja mit der Bombe im Rucksack zurück in den Wohnwagen und sprengt sich selbst gemeinsam mit den beiden Tätern in die Luft ….

Wer will da urteilen? Wer kann schon wirklich erahnen, wie groß der Schmerz ist. Ich selbst muss aber sagen, dass ich die Ermordung der Täter am Ende nicht als Lösung sehe. Die Spirale der Gewalt wird doch so nicht durchbrochen. Der Hass auf die Täter zerfrisst am Ende jede Lebensperspektive für die Frau, die Mann und Sohn verloren hat.

Für ein Buchprojekt habe ich noch einmal viele Texte von Martin Luther King gelesen. Auch sein Lebensweg war nicht vorgezeichnet. Er war einfach der richtige Mann am richtigen Ort und zur richtigen Zeit. Einer, mit einer charismatischen Gabe, zu reden. Einer, der die Sprache der »einfachen Leute« sprach. Und einer, der die Herzen der Menschen erreichte. Bekannt wurde er durch seine gewaltfreien Aktionen. Aber anfangs war auch seine Haltung in der Frage der Gewalt gar nicht so eindeutig. Er hatte Bodyguards zu seinem Schutz engagiert und beantragte einen Waffenschein. Aber ihm wurde immer klarer, dass Gewalt keine Antwort auf Gewalt sein kann, auch wenn es die Donald Trumps dieser Welt gerne so sähen. King wusste, dass gewaltloser Widerstand keine Methode für Feiglinge ist, sondern für Menschen mit Mut. Dazu stand er konsequent gegen alle Anfechtung. Er wurde nur 39 Jahre alt. Am Ende seines Lebens, am Abend vor seiner Ermordung, sagte er in Memphis, dass er sich keine Sorgen macht, auch wenn er wie jeder Mensch gerne ein langes Leben hätte. Es ging ihm darum, Gottes Willen zu erfüllen.

Mich beeindruckt das bis heute zutiefst. Martin Luther King wusste, wie gefährdet er war. Er wurde immer wieder bedroht und bei Anschlägen verletzt. Er saß mehrfach wegen seiner Überzeugungen im Gefängnis. Aber er ist innerlich frei geblieben. Wenn jemand wie Martin Luther King am Vorabend seiner Ermordung trotz aller Bedrohungen sagen kann, er sei glücklich, dann ist das ein gesegnetes Leben.

Vielleicht können wir uns manchmal selbst am schwersten vergeben. Auch da geht es im Rückblick auf unser Leben ja um Freiheit. Warum habe ich das getan? Wie konnte ich mich nur so verhalten? Hätte ich es nicht ahnen müssen, dass das nicht gut geht? Solche Fragen werden oft genannt, wenn ich mit Menschen über deren Erfahrungen spreche.

Doch solches Hadern hilft nicht weiter. Da ich mein Leben lang Tagebuch geschrieben habe, lese ich manchmal nach, was ich vor dreißig oder vierzig Jahren gefühlt habe. Und dann wird mir klar: Ich kann das heute gar nicht mehr verstehen! Wie konnte ich das gut finden? Warum habe ich mich so verhalten? Ich finde, da hilft nur ein Lächeln. So war das damals, und so war ich. Und es ist ja gut, dass wir uns als Menschen verändern können. Als junge Frau konnte ich die Konsequenzen mancher Entscheidungen nicht überblicken. Aber ich stehe heute dazu, dass mein Leben eben genau so war, mit allen Höhen und Tiefen.

Vor allem bin ich dankbar, in so einer privilegierten Situation aufgewachsen zu sein. Nach 1945 war das Leben in Westdeutschland voller Chancen. Der Krieg war 13 Jahre vorbei, als ich geboren wurde. In unserer Familie war sehr präsent, wie viel Zerstörung er angerichtet hatte. Mein Vater hat praktisch seine ganze Jugend als Soldat verbringen müssen, er war 18, als der Krieg begann. Meine Mutter hatte ihre Heimat in Hinterpommern verloren. Das war sicher ein Grund, warum beide Eltern uns Kinder gelehrt haben, nach vorn zu schauen. Mit Jammern hatte meine Mutter wenig Geduld. Das ging nach dem Motto: Wie winzig klein ist dein Problem im Vergleich zu dem, was einem Menschen an wirklich Schlimmem passieren kann. Aber wenn Sie über Hunger oder Krieg irgendwo in der Welt hörte, ich erinnere mich an Biafra oder den Einmarsch in die Tschechoslowakei, dann war sie voller Mitgefühl und betete für die leidenden Menschen.

Und ich hatte Glück mit meinem Jahrgang, meine Jugend wurde schon von den 68ern geprägt. Eine Frau sagte mir neulich, sie habe immer geschwärmt von den 50er-Jahren, bis sie die beiden Filmreihen »Kudamm 56« und »Kudamm 59« gesehen habe. Es sei damals ja furchtbar gewesen für die Frauen. Und das stimmt. Die sechs Folgen der Serie machen deutlich, wie eng die Welt vor allem für Frauen in Westdeutschland war. Ohne Erlaubnis des Ehemannes konnten sie keinen Führerschein machen, der Ehemann konnte bestimmen, ob die Frau berufstätig sein durfte oder nicht. Uneheliche Schwangerschaft galt als Schande, und alleinerziehenden Müttern wurde das Sorgerecht schnell entzogen. Die »Pille« gab es noch nicht, die Braut sollte »rein« in die Ehe gehen. So lange ist das noch gar nicht her. Wenn sich heute viele schockiert über muslimische Familien äußern, die es als eine Frage der Ehre ansehen, ob die Tochter als »Jungfrau« in die Ehe geht, muss manchmal daran erinnert werden. Auch dass Kinder verprügelt wurden, galt in den 50er- und 60er-Jahren in Deutschland und vielen anderen Länder als normal.

Heute wird oft den sogenannten 68ern die Schuld an allen möglichen Missständen gegeben. Mir ist wahrhaftig klar, dass mit manchem überzogen wurde, das ist bei Erneuerungsbewegungen immer so. »Wer zweimal mit derselben pennt, gehört schon zum Establishment«, ist etwa so ein Spruch, der zeigt, dass freier Sex zwar gepriesen wurde, aber doch wohl eher im Interesse der Männer. Oder die ganze Debatte um Sexualität von Kindern. In »Das bleiche Herz der Revolution« beschreibt Sophie Dannenberg, was Kinder erlitten haben, die mit antiautoritär gemeinten Methoden gezwungen wurden, die eigene Scham zu ignorieren. Auch Bettina Röhl, eine der beiden Töchter von Ulrike Meinhof, rechnet immer wieder mit »den 68ern« ab. In einem Interview in *Der Spiegel* wird sie gefragt, ob die jungen Leute denn damals keinen Grund hatten, gegen irgendetwas aufzustehen. Sie antwortet: »Absolut keinen. Ich glaube, die Zeit war voller Energie. Es gab ja im Westen eine wahre Kulturexplosion, in der Musik, in der Mode ... Heute erklärt man nun, die 68er hätten gewissermaßen aus urpsychologischen Gründen gegen das Schweigen der Eltern nach der Nazizeit auf die Barrikaden gehen müssen. ... Auch das ist ein gern gepflegter 68er-Mythos, um zu vertuschen, dass man Mao Zedong hinterhergelaufen war. Es gab in der älteren Generation eine Obrigkeitshörigkeit, das stimmt, aber die rührte aus dem Gefühl, das Leben könne ganz schnell zusammenbrechen. Die 68er hatten es doch viel besser.«[11]

Die Verbitterung einiger Kinder der 68er-Generation kann ich durchaus nachvollziehen. Und doch war es notwendig zu rebellieren, meine ich. Das gilt vor allem für die Frauen und ihre Festlegung auf die Rolle der Mutter und Hausfrau. Eine Szene in »Kudamm 59« zeigt dies sehr gut. Die junge Protagonistin, die sich gerade von ihrem repressiven Ehemann getrennt hat, wagt es, allein in ein Lokal zu gehen, um etwas zu essen. Sowohl von der Wirtin als auch von den anwesenden männlichen Gästen wird sie sofort als »Flittchen« deklassiert. Und an die Autorität der Eltern, die die Macht hatten, ein Kind »ins Heim« zu geben, erinnere ich mich noch selbst. »Wenn du nicht parierst, dann kommst du ins Heim«, war eine Dro-

---

11 »Wir waren Ausstellungsstücke der Revolution« in: Der Spiegel Nr. 14/31. März 2018, S. 46 ff., S. 48.

hung, die viele kannten, die zu dieser Zeit groß wurden. Dass es in den Kinderheimen nicht wirklich menschenfreundlich zuging, war allen klar. Es waren Ulrike Meinhof und Gudrun Ensslin, die das mit als Erste öffentlich kritisierten. Damit hatten die Heimkinder in den 70er- Jahren die für die Öffentlichkeit »falschen« Fürsprecherinnen. Es sollte 20 weitere Jahre brauchen, bis ihr Schicksal öffentlich wurde und es im Angesicht der schrecklichen Tatsachen einen Sturm der Entrüstung gab.

Ich bin froh, dass es diese Bewegung gab, die von der Kriegsgeneration Auskunft verlangte, die langfristig Frauen- und Kinderrechte durchsetzte, die den Muff, der tatsächlich unter den Talaren herrschte, wie es die 68er skandierten, endlich lüftete. Das gilt nicht nur für die universitären, sondern auch für die kirchlichen Talare. Ohne die 68er-Bewegung hätte die Akzeptanz der Frauenordination noch viel länger auf sich warten lassen. Und es war ohnehin schon ein langer und steiniger Weg. In der Landeskirche, in der ich aufgewachsen bin, Kurhessen-Waldeck, wurden 1962 die ersten Frauen ordiniert. Allerdings mussten sie auf eine Eheschließung verzichten. Es hieß im Gesetz: »Die Pfarrerin scheidet im Falle einer Verheiratung aus dem Dienst aus.« Diese Einschränkung habe ich bis heute nicht verstanden. Warum? Weil sie durch die Ehe »unrein« wird, weil Sexualität ins Spiel kommt? Weil es unvorstellbar war, dass ein Ehemann von seiner Frau von der Kanzel aus belehrt wird? Nirgends habe ich offizielle Gründe für diese gesetzliche Regelung gefunden. Auf jeden Fall gab es keine theologische Begründung.

Als ich 1977 begonnen habe, Theologie zu studieren, war ich mir dieser Einschränkung gar nicht bewusst. Mir schien das Studium interessant, weil ich eigene Fragen religiöser und existenzieller Natur klären wollte. Dass ich Pfarrerin werden könnte, wurde mir erst im Studium klar, ich hatte selbst niemals eine Frau in diesem Amt erlebt. Aber dass ich das werden, ja sein könnte, daran hatte ich überhaupt keinen Zweifel. Das ist sicher einerseits der Haltung meiner Mutter zu verdanken, die überzeugt war, dass Frauen alles werden können. Andererseits aber sicher auch den Aufbrüchen der 68er in Westdeutschland. Wenn ich an meine großen Lebensabzweigungen zurückdenke, ist jedenfalls die für das Theologiestudium eine, mit der ich bis heute glücklich bin, auch wenn mir damals gar nicht so klar war, dass es für Frauen noch eine ungewöhnliche Wahl war.

Froh und dankbar bin ich auch, dass ich nie den Eindruck hatte, ich müsste mich aus irgendeinem Grund gegen Kinder entscheiden. Eine der Frauen der Pfarrergeneration vor mir schrieb mir in einer Mail: »Für meine Generation galt: Beruf oder Kinder. So sind potentielle Partnerschaften gescheitert.« Das war eine Generation später zum Glück nicht mehr der Fall. Und ich kann sagen, dass in unserer Familie ohnehin nie infrage stand, dass Beruf und Familie vereinbar sind. Meine Mutter war immer berufstätig, meine Schwestern waren es mit ihren zwei bzw. vier Kindern ebenso wie ich.

Und ja, meine Frauengeneration hat auch die Freiheit erlebt, sich zu bewegen, zu tanzen und Sexualität auszutesten. Mir ist bewusst, in der Kirche ist das immer noch ein schwieriges Thema. Als wir für eine neue Amtsperiode des Rates der EKD Themen für potenzielle Denkschriften sammelten, habe ich eine Denkschrift zur Sexualität vorgeschlagen. Anlass war die Frage einer Mutter. Ihre 15-jährige Tochter wollte gern die Pille verschrieben bekommen. Was ist die Meinung unserer Kirche dazu?, fragte sie. Ich habe die offiziellen Texte gesichtet und fand eine Denkschrift aus dem Jahr 1971! Die war insofern Neuland gewesen, als erstmals formuliert wurde: »Sexualität ist eine gute Gabe Gottes.« Das war ein Durchbruch. Sexualität wurde nicht an die Ehe oder den Willen zur Fortpflanzung gebunden, sondern schlicht als schöne, von Gott gegebene Freude am Leben definiert. Revolutionär war das – allerdings 1971 und nicht im Jahr 2006. Der Rest der Denkschrift war so formuliert, dass er 35 Jahre später nicht wirklich zur Weitergabe geeignet schien.

Die EKD hat dann tatsächlich eine Kommission eingesetzt, die einen Vorschlag erarbeitet hat. Ich fand ihn gut, denn es wurden zentrale Grundlagen einer sexuellen Beziehung klargestellt: Vertrauen, Verantwortung, Verlässlichkeit. Gegenseitiger Respekt, Freiwilligkeit und Bereitschaft zur Treue wurden als Voraussetzung eines gelingenden Sexuallebens aufgezeigt. Da es kurz zuvor aber heftigste Kritik an einem Papier zum Thema Familie gegeben hatte, wurde die Denkschrift nicht veröffentlicht. Stattdessen haben die Autorinnen und Autoren sie als Buch vorgelegt.[12] Ich finde, in einer Zeit, in der voreheliche Sexualität gang und gäbe ist, wäre es gut, wenn die genannten Kriterien weitergegeben würden. Junge Leute brauchen doch Orientierung. Da ich »Kind« der 68er-Generation war, hat meine Mutter früh dafür gesorgt, dass ich Zugang zur Pille hatte. Das war damals noch etwas schambelastet. Bevor ich für ein Austauschjahr in die USA ging, nahm sie mich mit zu unserem Hausarzt und bat ihn, mir einen Zwölferpack zu verschreiben. Mir war das furchtbar peinlich. Aber sie hatte ja recht. Aufklärung, Zugang zu Verhütungsmitteln, das ist ein Menschenrecht, gerade für Frauen. Und gerade so lassen sich Abtreibungen vermeiden. Es ist doch vollkommen widersprüchlich, dass die Abtreibungsgegner, die so hoch moralistisch auftreten, nun gerade nicht die größten Befürworter von Sexualaufklärung sind.

Die schon genannte Deutsche Stiftung Weltbevölkerung tut genau das: Sie setzt sich dafür ein, dass Mädchen weltweit Zugang zu Verhütungsmitteln haben. Ich bin froh, in einer Zeit geboren zu sein, in der ich sexuell erkunden durfte, was mir wichtig ist. Es hätte mir geholfen, hätte meine Kirche mir dafür ein paar Kriterien an die Hand gegeben. Das sind wir den jungen Leuten schuldig, finde ich. »Sexualität ist eine gute Gabe Gottes« – das ist bis heute ein befreiender Satz. Dass wir unsere Sexualität verantwortlich, ver-

---

12 Peter Dabrock (Hg.): Unverschämt – schön. Sexualethik: evangelisch und lebensnah, Gütersloh 2015.

lässlich und vertrauensvoll gestalten, gilt für Junge wie für Alte. Auch das auszusprechen ist eine Errungenschaft der letzten Jahrzehnte, weil Sexualität im Alter früher wohl gar nicht im Blick war. Eine katholische Freundin sagte mir lachend: »Ich kann ja immer sagen, wir versuchen das tatsächlich mit der Zeugung! Dann ist alles gerechtfertigt.« Es gibt auch eine eigene Art katholischen Humors, denke ich. Aber Sexualität im Alter ist trotz einiger neuerer Filme, die sich damit beschäftigen, immer noch ein tabuisiertes Thema, denke ich.

2010 war ich eingeladen, beim Ökumenischen Kirchentag in München in einem Gottesdienst für Frauen zu predigen. Der vorgegebene Predigttext war aus dem ersten Buch Mose: »Seid fruchtbar und mehret euch und füllet die Erde« (9,1). Bei der Vorbereitung habe ich gedacht, dass dies sicher damals zur Zeit Mose ein gutes Gebot war. Doch angesichts des heute rasanten Bevölkerungswachstums in einigen Teilen der Welt, angesichts der knapper werdenden Ressourcen und angesichts der Frauen, die nicht selbst bestimmen können, wie sie mit dem Thema Verhütung umgehen wollen, könnte doch auch die Pille als Geschenk Gottes angesehen werden. Einige Frauen leben sonst in ständiger Angst vor einer Schwangerschaft und können so ihre Sexualität nicht positiv erleben. Es geht um Liebe ohne Angst, um verantwortliche Elternschaft, um Sorge für das eigene Leben und das der Kinder. Oder auch um eine Entscheidung für ein Leben ohne Kinder, die unsere Kirchen nicht ständig abwerten sollten. Dass diese Predigt von mir in der Münchener Frauenkirche gehalten wurde, haben manche als Provokation empfunden. Es war meinerseits nicht als Provokation gemeint. Anschließend kam eine alte Dame zu mir und sagte: »Frau Käßmann, ich hätte mir gewünscht, in meiner Jugend hätte es die Pille auch schon gegeben.«

Ja, ich weiß natürlich, die Pille hat Nebenwirkungen, es gibt bessere, natürlichere Formen der Verhütung. Ein katholischer Freund sagt allerdings gern: »Wir haben natürliche Verhütung praktiziert – dann kamen unsere Zwillinge!«

Mir geht es darum, über Sexualität zu reden, denn was tabuisiert wird, erhält erst recht große Macht. Sexualität ist schlicht Teil des Lebens, sowohl jüngerer als auch älterer Menschen. Meine Generation von Frauen in westlichen Gesellschaften durfte den Weg der Selbstbestimmung miterleben. Dafür bin ich dankbar, das möchte ich auch anderen Frauen ermöglichen. Und die sexuelle Beziehung zwischen Männern und Frauen wird leichter, wenn einerseits die Angst vor Schwangerschaft kein Hemmschuh ist und andererseits Elternschaft auch sehr bewusst gewählt wird. Eine Entscheidung für ein Kind, das von vielen als großes Glück empfunden wird, trotz aller Kraftakte, die ein solcher Entschluss mit sich bringt.

Ich war 23, als ich zum ersten Mal Mutter wurde. Und ich bin froh darüber, dass ich das sehr bewusst entscheiden konnte. Mein Mann und ich haben uns ein Kind gewünscht, nachdem wir geheiratet hatten. Alle unsere

Kinder waren gewünscht, geplant, und ich bin dankbar, dass das möglich war. Denn die Geburt des ersten Kindes hat mein Leben mehr verändert als alle anderen Ereignisse vorher oder nachher. Das habe ich bei meinen Töchtern und ihren ersten Geburten auch so erlebt. Ich hatte das große Glück, noch drei weitere Kinder zu bekommen, dann aber auch entscheiden zu dürfen, dass vier wunderbar und gleichzeitig genug sind.

Wenn du Kinder hast, siehst du das Leben mit anderen Augen. Ich hätte beispielsweise nie gedacht, dass ich einen solchen Schutzinstinkt entwickeln könnte. Oder dass ich imstande wäre, so viel und eine so tiefe Liebe zu empfinden. Du kannst einen Partner lieben und ihn begehren. Aber die Liebe zu einem Kind ist etwas anderes. Es ist dir schutzlos ausgeliefert. Ein Säugling ist ganz und gar darauf angewiesen, dass die Eltern ihn umsorgen, wickeln, fördern. Aber das Leben verändert sich mit dem ersten Kind ja nicht nur durch die Gefühle, die es auslöst, sondern auch, weil ab jetzt das Kind die Tagesplanung vorgibt. Wann es isst und wann es schläft (vor allem, wann es *nicht* schläft!), später wann es zur Kita oder zur Schule muss – das bestimmt den Alltag der Eltern. Kein Einschnitt im Leben ist so tief wie dieser. In seinem Buch »Der kleine Erziehungsberater« rechnet Axel Hacke seinen Lesern auf unterhaltsame Weise vor, dass sich der Schlafmangel bei jungen Eltern schnell auf mehrere Hundert Stunden summiert. Und in der Tat: Ich erinnere mich an viele durchwachte Nächte.

Ganz gewiss habe ich nicht alles richtig gemacht, das

ist mir völlig bewusst. Und ich finde es auch gut, heute mit meinen Töchtern darüber zu reden. Eltern sollten es nicht als Schuldzuweisung verstehen, wenn ihre erwachsenen Kinder mit ihnen kritisch über die eigene Kindheit sprechen. Bei Bekannten erlebe ich das so. Sie sind verletzt, weil sie doch das Beste wollten. Ich denke, die Heftigkeit der Auseinandersetzung sogenannter »68er« mit ihren Eltern lag auch daran, dass die Eltern nicht gesprächsbereit waren. Sie ließen sich nicht hinterfragen, da gab es diese Basta-Kultur. Der Vater war Patriarch, verbat sich jedwede Debatte. Nach dem Motto: »Solange du deine Beine unter meinen Tisch streckst, habe ich hier das Sagen ...« Und die Mutter, das betonte sie immer wieder, hatte es doch nur gut gemeint. So entstanden in vielen Familien Sprachlosigkeit und Groll.

In einem Beitrag zu meinem 60. Geburtstag schrieb meine Tochter Lea: »Unsere Mutter hat uns seit jeher gezeigt, dass sie stolz auf uns ist und uns wertschätzt, auch wenn wir vielleicht mal nicht den geraden Weg gegangen sind. Und umgekehrt sind wir auch unheimlich stolz auf sie. Sie hat beruflich so viel erreicht und im Privaten war und ist sie stets für uns da. Ob sie uns nachts bei dichtem Nebel von irgendeiner Party im Nirgendwo abgeholt hat, zwischen Predigten und Presseterminen mit uns telefonierte, um Dringendes und Nebensächliches zu besprechen, oder uns bei den Aufsätzen in der Schule geholfen hat. Selbst zu Unizeiten konnten wir auf sie als Korrekturleserin zählen. ...

Sie hat uns vorgelebt, dass wir unser Leben genießen

sollen, dankbar sein können für das, was wir haben, und uns gleichzeitig das Wissen und die Aufmerksamkeit dafür vermittelt, dass es in der Welt viel Ungerechtigkeit, Gewalt und Armut gibt, denen man mit Offenheit, Toleranz und Empathie entgegenwirken muss.«[13] Eine schönere Rückmeldung kann ich mir als Mutter gar nicht vorstellen, ich war sehr gerührt, als ich das gelesen habe. Ich weiß, dass in meinem Alter viele Eltern auch großen Kummer mit ihren erwachsenen Kindern haben, weil sie Wege gehen, die nur schwer zu verstehen sind. Da habe ich großes Glück. Aber selbst wenn es anders wäre: Für die Kinder da zu sein, die Tür für sie stets offenzuhalten und auch das Ohr, das muss doch die Haltung sein – selbst wenn wir andere Entscheidungen treffen würden als sie. Kürzlich sagten mir Eltern, sie fühlten sich schuldig an den Problemen, die ihr Sohn Anfang 30 jetzt habe. Auch das aber hilft ja nicht. Ich denke, nur ein offenes Gespräch kann helfen, die Lage zu klären, und nicht Schuldgefühle, die unausgesprochen im Raum stehen.

Mit den Kindern darüber zu sprechen, was früher war, finde ich interessant. Wie sie es empfunden haben und wie es mir damit ging. Natürlich haben wir völlig unterschiedliche Perspektiven. Sie schildern die Ereignisse aus der Sicht eines Kindes oder eines jungen Mädchens, das zu seinen Eltern aufschaut – und sie dann irgendwann, spätestens in der Pubertät, eine Zeit lang ziemlich peinlich findet. Das ist völlig normal. Dabei

---

13 Lea Römer: Sie gibt gern, in: Gabriele Hartlieb (Hg.): Eine Frau mit Zivilcourage und Zuversicht, Hamburg 2018, S. 151 ff., S. 152 f.

wird deutlich, dass vier Kinder ja auch nicht Gleiches erlebt haben. Meine älteste Tochter hatte zwei junge Eltern fast vier Jahre ganz für sich allein. Meine Zwillingstöchter erlebten in ihrer Kindheit einen ganztags berufstätigen Vater und eine Mutter, die primär zu Hause war. Zudem hatten sie damit zu kämpfen, dass sie eineiige Zwillinge sind, oft verwechselt wurden oder ihre Bedürfnisse schlicht als gleich angesehen wurden. Und die jüngste Tochter wuchs mit einer voll berufstätigen Mutter und einem Vater auf, der teilweise zu Hause war und meistens für sie sorgte. Nach unserer Scheidung hat sie einige Jahre allein mit mir zusammengelebt, weil ihre Schwestern längst an anderen Orten studierten. Daran haben wir beide sehr besondere Erinnerungen. Das heißt, es gibt nicht *das eine* Erleben der Kinder. Und auch das wird einem wohl erst im Rückblick so richtig bewusst.

Mir geht das auch so mit meinen eigenen Schwestern. Es gab eine Zeit, da haben wir geradezu darum gestritten, wer recht hat im Rückblick auf unsere Kindheit. Aber dann wurde klar: Wir haben ganz verschiedene Phasen der Ehe unserer Eltern erlebt. Als meine älteste Schwester 1951 geboren wurde, stand alles unter dem Druck, etwas Neues zu schaffen, nachdem die Eltern im Krieg alles verloren hatten. Die beiden bauten sich in dieser Zeit mit großem Einsatz einen kleinen Betrieb auf. Meine zweite Schwester hatte mit einer Hörschädigung zu kämpfen, was meine Mutter besonders gefordert und emotional belastet hat, weil sie selbst und auch ihr Vater schon darunter litten. Ich kam ein Jahr nach dem Tod meines Bruders zur Welt, der nur wenige Tage lebte. Meine Mutter war bereits 36 und fühlte sich als Mutter alt. Und die gesellschaftlichen Veränderungen irritierten sie. Ich erinnere mich, wie empört sie war, als wir in der Schule das Fach Sexualkunde bekamen und im Schulbuch nackte Menschen abgebildet waren.

Die Unterschiede im Erleben waren eben auch gesamtgesellschaftlich geprägt. Als meine älteste Schwester 1961 in Marburg in die fünfte Klasse kam, hing noch eine tiefe Glocke von Standesdünkel über dem altehrwürdigen Gymnasium. Sie hatte es schwer, weil sie nicht aus »gehobenen« Verhältnissen kam. Eingeschüchtert wurde sie von ihrer Klassenlehrerin, die zu ihr vor der gesamten Klasse sagte, wenn nun schon Kinder von Tankstellenpächtern aufs Gymnasium gingen, sehe man ja, wie weit es mit Deutschland gekommen sei. Als ich ihr sieben Jahre später folgte, schrieb man das Jahr 1968. Autoritäten wurden infrage gestellt und Standesdünkel generell auch. Weil meine beiden älteren Schwestern auf dem Gymnasium waren, die älteste bereits kurz vor dem Abitur stand, war es für mich selbstverständlich, hier einen Platz zu bekommen. Ich konnte frei von Belastungen, die sie noch erlebt hatten, dort anfangen.

Noch ganz anders ist das Erleben bei Ostdeutschen. Ich kannte schon vor 1989 einige, aber in den Jahren danach haben sich manche Beziehungen vertieft, neue sind dazugekommen. Was Westdeutsche mit dem Jahr 1968 verbinden, ist ihnen oft unverständlich. Und wie

Ostdeutsche die DDR erlebt haben, verstehen Leute in Düsseldorf schwer. Bei einer Tagung in München sagte mir kürzlich am Tisch ein älterer Herr: »Wir haben uns in Bayern früher nicht für die DDR interessiert, warum sollten wir es heute tun?« Ich fand das arrogant, aber auch irgendwie armselig. Letztes Jahr haben wir in einer kleinen Gruppe, die aus Ost- und aus Westdeutschland stammt, den dritten Oktober gemeinsam auf Usedom verbracht. Ich fand es spannend, was die anderen zu erzählen hatten. Da gibt es doch ein Interesse: Wie habt ihr das erlebt, wie haben wir das erlebt – und wie gestalten wir unser Land jetzt gemeinsam?

Kürzlich haben meine Schwestern und ich parallel das Buch »Geschwister: Die längste Beziehung des Lebens« von Susann Sitzler gelesen. Darin wird sehr eindrücklich beschrieben, wie einen dieses verschiedene Erleben zeitweise voneinander entfremden kann. Aber es ist auch gut zu sehen, dass viele Geschwister sich einander wieder annähern, wenn sie älter werden. Das erlebe ich mit meinen Schwestern so. Wir waren alle jahrelang sehr gefordert von Familie und Beruf. Jetzt haben wir nach und nach wieder mehr Zeit füreinander. Der Tod unserer Mutter war für uns alle ein besonderer Einschnitt. Wir haben ihn gemeinsam intensiv erlebt, ihre Trauerfeier gemeinsam gestaltet. Das hat uns nach meinem Eindruck wieder sehr eng zusammengeführt. Es wurde uns deutlich, dass nur wir drei Schwestern diese spezielle Verbundenheit zu unserer Mutter teilen. Es ist etwas anderes, ob du als

Schwiegersohn, Tochter oder Enkelkind auf das Leben eines Menschen schaut. Es wurde uns bewusst, dass nur noch wir drei da sind, die diese gemeinsamen Erinnerungen an unsere Kindheit teilen können, bei allen Unterschieden in der Wahrnehmung, über die wir inzwischen auch manchmal lachen können. Ich war sehr dankbar, dass meine Schwestern bei meinem 60. Geburtstag und auch bei meiner Verabschiedung aus dem beruflichen Dienst in der Marktkirche in Hannover dabei waren. Das gibt mir ein Gefühl des Aufgehobenseins in meiner Herkunftsfamilie.

Meine Töchter sind jetzt in einer Lebensphase, in der Berufstätigkeit und Familiengründung ganz im Vordergrund stehen. Dabei sind sie sich eng verbunden, enger als meine Schwestern und ich damals. Dies ist natürlich auch durch die neuen Medien einfacher, so haben die vier eine eigene WhatsApp-Gruppe und nutzen den Chat-Dienst FaceTime. Der Schwerpunkt ihrer Kommunikation liegt schlicht auf der Bewältigung des Alltags. Drei von ihnen stehen in einer ähnlichen Lebenssituation, haben kleine Kinder. Da ist es gut, den Rat der Schwestern einzuholen. An diese Lebensphase als junge Mutter kann ich mich selbst noch gut erinnern. Natürlich hatte ich damals oft ein schlechtes Gewissen: mal gegenüber den Kindern, mal gegenüber den beruflichen Verpflichtungen. Und trotzdem bereue ich nicht, vier Kinder bekommen zu haben, sondern bin ganz besonders dankbar dafür! Ich wollte immer Kinder, das war für mich gar keine Frage. Aber natürlich sind Zwillinge eine besondere Herausforderung. Als die beiden fünf Jahre alt waren und die älteste zehn, haben mein Mann und ich uns bewusst für ein viertes Kind entschieden. Viele unserer Freunde und Bekannten haben das nicht verstanden. Es gab dumme Sprüche, die ich bis heute nicht vergessen habe: »Wisst ihr nicht, wie man verhütet? Ihr wollt wohl vom Kindergeld leben! Es muss unbedingt noch ein Stammhalter her, was?« Ich selbst aber hatte immer dieses tiefe innere Gefühl, dass da noch jemand fehlt. Meine jüngste Tochter Esther hat in einem Jahr auf einer Muttertagskarte geschrieben: »Danke Mama, dass du gemerkt hast, dass ich noch fehle.« Das hat mich sehr gerührt. Natürlich war es schwer, noch einmal mit einem Säugling von vorne anzufangen, wenn du drei Kinder hast, die schon »aus dem Gröbsten raus« sind, wie es so schön heißt. Da kommt die Frage auf, weshalb du dir so etwas noch einmal »antust«: die Belastung von Schwangerschaft und Geburt, schlaflose Nächte, stillen, Windeln wechseln. Aber ich war mit der Entscheidung für ein viertes Kind immer rundherum glücklich. Sicher war ich keine perfekte Mutter, aber die gibt es ohnehin schlicht nicht. Ich weiß natürlich, dass sich eine Mutter mit ein oder zwei Kindern intensiver um das einzelne Kind kümmern kann. Aber ich bin gerade jetzt, beim Älterwerden, sehr, sehr glücklich, die Kraft für vier Kinder gehabt zu haben. Drei meiner Töchter haben, wie gesagt, schon selbst Kinder, und auch die Jüngste will irgendwann Kinder bekommen. Die eigene, positive Familienerfahrung war also offenbar eine Bestärkung dafür, selbst Familien zu gründen, weil dies schlicht eine wunderbare – wenn auch herausfordernde – Lebensform ist. Aber manchmal habe ich inzwischen den Eindruck, ich müsse mich fast entschuldigen für das Familienglück. Ich weiß um die Belastungen sehr wohl und will sie nicht kleinreden. Aber ich würde mich immer wieder für Kinder entscheiden.

Über meine Lebensentscheidungen in Sachen Beruf habe ich aus Anlass meines 60. Geburtstages oft nachgedacht. Das lag vor allem an Journalisten, die anlässlich meines bevorstehenden Ruhestandes mit mir Interviews geführt und so außergewöhnlich kreative Fragen gestellt haben wie: »Seit wann haben Sie Ihre Karriere geplant?«

Um es kurz zu machen: Ich habe nicht mit Mitte 20 überlegt, wie ich Karriere in der Kirche machen könnte. Das ist in meinem Beruf ohnehin nicht vorgesehen. Aber wenn ich gefragt wurde, ob ich für eine bestimmte Aufgabe kandidiere, habe ich in der Regel *Ja* gesagt, auch weil ich dachte: Warum denn eigentlich nicht? Das war zum ersten Mal so in Vancouver 1983 bei der Vollversammlung des Ökumenischen Rates der Kirchen. Ich war als Jugenddelegierte von meiner Landeskirche entsandt worden und nahm schon an der Vorversammlung aller Delegierten im Alter von unter 30 Jahren teil. Für mich war das eine ungeheure Horizonterweiterung! So viele junge Christinnen und Christen aus allen Teilen der Erde mit so vielen verschiedenen Lebenssituationen! Wir konnten miteinander hören und lachen, staunen und Gottesdienst feiern, diskutieren und schweigen. Damals kam die Frage auf, wie die Kirchen der Welt die Stimme der Jugend besser hören könnten. Es wurde eine Resolution verabschiedet, in der wir die Vollversammlung aufforderten, ab sofort alle Gremien zu 15 Prozent mit Menschen unter 30 zu besetzen.

Ich fand das richtig, gerecht und zukunftsorientiert und habe dafür gestimmt. Dann wurde das Anliegen aber sehr persönlich. Weil die Evangelische Kirche in Deutschland aufgrund ihrer Größe sechs Plätze im Zentralausschuss, dem Leitungsgremium zwischen den Vollversammlungen, zugeteilt bekam, sollte ein Platz an einen jungen Delegierten gehen. Ich wurde vorgeschlagen. In der deutschen Delegation haben das viele Frauen und auch Männer unterstützt. Der Ratsvorsitzende und hannoversche Landesbischof Eduard Lohse erklärte aber, es könne nicht vom Vorschlag des Rates der EKD abgewichen werden. Und der sah eine ganz andere Kandidatin vor. Was sollte ich tun? Mich fügen oder rebellieren und mich zur Wahl stellen?

Ich hatte Angst, habe geweint, wurde getröstet und ermutigt, auch von meinem Mann, der mit unserer Tochter nach Vancouver mitgereist war. Am Ende dachte ich fast trotzig: Warum nicht? Wovor soll ich Angst haben? Und ich habe den Jugenddelegierten gesagt: Okay, ich stelle mich der Wahl. Ein junger schottischer Pastor, den ich bis dahin nur in Jeans und Schlabbershirt gesehen hatte, meldete sich in der Vollversammlung zu Wort, als die Wahl zum Zentralausschuss anstand. Er hatte an diesem Tag einen schwarzen Anzug an und trug einen »clerical collar«. In pathetischen Worten pries er meine Kompetenz und stellte mich zur Stichwahl gegen eine ältere Delegierte aus Deutschland. Es wurde im Plenum abgestimmt, und ich habe die Wahl gewonnen. Das lag sicher nicht nur an mir, sondern vor allem an denen, die gut fanden, der EKD als Institution damit »mal eins auszuwischen«. Eine so junge und bis dato völlig unbekannte Gegenkandidatin zu wählen war natürlich ein Affront. Die indonesische Delegation, die viele Stimmen hatte, sagte mir später, sie hätten mich schlicht gewählt, weil ich aufgrund der Teilnahme von Mann und Kind nicht wie die anderen westlichen Delegierten im Tagungshotel wohnte, sondern bei ihnen auf dem Campus im Studentenwohnheim. Es ging also weniger um meine Person als um ein Signal – das ist mir auch später im Leben noch öfters begegnet.

Hätte mir damals jemand gesagt, dass ich einmal Nachfolgerin von Eduard Lohse als Landesbischöfin und Ratsvorsitzende werden würde, ich wäre in heiteres Gelächter ausgebrochen. Und ich muss im Rückblick zugeben: Damals hatte ich ein wenig Angst vor der eigenen Courage. Aber ich bin froh, dass ich es dennoch gewagt habe. Denn die folgenden Jahre im Zentralausschuss haben mich für mein Leben geprägt, mich geformt, mir internationale Erfahrungen und Begegnungen mit Christinnen und Christen in aller Welt ermöglicht. Ich konnte mich so auch sehr früh in Leitungsaufgaben einüben. Ohne diese Erfahrungen hätte ich später die weiteren Ämter im Leben nicht bestehen können.

Knapp zehn Jahre zuvor hatte ich mich getraut, mich um ein Stipendium für ein Auslandsjahr in den USA zu bewerben. Ich habe das Stipendium tatsächlich bekommen und dann ein wirklich nicht einfaches Jahr in den USA verbracht. Als 16-jähriges Mädchen aus Stadtallendorf war es ein riesiger Schritt, an eine Highschool nach Amerika zu gehen und dort zu bestehen. Aber dadurch konnte ich anschließend fließend Englisch sprechen. Und das war wichtig, um später überhaupt für die Konferenz in Vancouver nominiert zu werden. So ging es weiter: Ohne die Mitgliedschaft im Zentralausschuss wäre ich sicher nicht Generalsekretärin des Kirchentages geworden. Und ohne diese Erfahrung hätte mich niemand gebeten, als Kandidatin für das Amt der Landesbischöfin von Hannover zur Verfügung zu stehen. Es waren Lebensentscheidungen, die mir in der jeweiligen Situation damals meist schlaflose Nächte bereitet haben. Immer wieder habe ich mit der Frage gerungen: »Soll ich, oder lieber nicht?«

Ich bin dankbar, dass ich den Mut hatte, die im Rückblick richtigen Entscheidungen zu treffen, denn ich habe meine beruflichen Aufgaben immer mit Lust und Leidenschaft wahrgenommen. Es hat mir einfach entsprochen, was ich angepackt habe. Ermutigt haben mich dabei meine Familie, auch mein damaliger Ehemann, meine Freundinnen und Freunde und manchmal mir ganz unbekannte Menschen. Daraus habe ich gelernt, auch andere zu ermutigen, Herausforderungen anzunehmen. Eine 20 Jahre jüngere Frau sagte mir neulich, ich sei ihr Vorbild gewesen, sich auf eine Leitungsfunktion zu bewerben, dafür sei sie mir bis heute dankbar. Ich bin froh, wenn ich andere ermutigt habe, eine Abzweigung bewusst zu nehmen und nicht aus Angst vor »den Leuten«, den Problemen oder der vielleicht nicht ausreichenden Qualifikation auszuweichen.

Wovor haben wir denn Angst gehabt, müssen wir uns im Rückblick fragen. Ich denke schon, bei mir war es oft die Befürchtung, den Erwartungen nicht gerecht werden zu können. Und in diese Kerbe haben viele gern geschlagen. Kann sie das? Ist sie theologisch kompetent? Ist eine Mutter von vier Kindern für diese Aufgabe geeignet? Da schwingen meist auch Missgunst und Neid mit, das ist mir im Nachhinein klar. Besonders deutlich ist mir das in dem Buch »Kirchendämmerung« von Friedrich Wilhelm Graf geworden. Ich hatte den Mann bis dahin eigentlich für einen interessanten Theologen gehalten. Aber dann hat er mir in seinem Buch ein ganzes Kapitel gewidmet, das mich anfangs wirklich sprachlos gemacht hat. Er spricht von meiner »kleinbürgerlichen Herkunft«, unterstellt mir »präreflexive Unmittelbarkeit« (eine wirklich anspruchsvolle Wortschöpfung!) und erklärt: »Frisur, Kleidung und Schmuck zeigten, dass hier eine entschieden moderne Frau agiert, die ihre Rolle, das Bischofsamt, ganz neu und individuell definieren will: immer auf der Höhe der Zeit.«[14] Natürlich ging es in

---

14 Friedrich Wilhelm Graf: Kirchendämmerung, München 2011, S. 71.

der Folge nicht um Kleidung und Stil, sondern um meinen viel grundsätzlicheren Ansatz, Kirche anders zu denken. Offensichtlich ein Anliegen, das Friedrich Wilhelm Graf nicht in gleicher Weise zeigt. In all dem, was er über mich schreibt, zeigt sich deutlich die Angst von Männern, die in sehr behüteten intellektuellen Verhältnissen groß geworden sind. Es ist eine generelle Angst vor Veränderungen und vor der Schaffung anderer sozialer Zusammenhänge, denke ich, wie sie in unserem Land inzwischen häufig zu beobachten ist. Graf unterstellt unserer Kirche und ihrer Verkündigung insgesamt Bildungsferne. Er schreibt: »Es gibt in der evangelischen Kirche derzeit einen Trend zur Infantilisierung des Christlichen, zu einem Stil religiöser Kommunikation, der sich primär an Kinder und andere vermeintlich Unmündige richtet.«[15] Immer wieder führt er das auch auf die vielen Frauen im Predigtamt zurück, es werde zu viel Sopran gesungen in der evangelischen Kirche, sagte er an anderer Stelle. Im Gegensatz dazu erlebe ich gewollt intellektuelle Predigten oft als lebensfern. In einer Sprache, die über die Köpfe der Gemeinde hinweggeht. Und ich frage mich: Was will mir der Kollege denn jetzt überhaupt sagen? Die Gottesdienste sind doch auch deswegen so schlecht besucht, weil sie die Menschen nicht mehr emotional erreichen.

Ganz anders habe ich das in Afrika oder Lateinamerika erlebt. Aber für derartige Entwicklungen zeigt Herr

---

15 Ebd. S. 62.

Graf wenig Interesse. Als der Erzbischof von Kapstadt beim Festgottesdienst zum 500. Reformationsjubiläum in Wittenberg predigte, erklärte er: »Niemand fahre eigens ins abgelegene Wittenberg, um sich auf einer Wiese einen unbekannten Prediger aus der Dritten Welt anzuhören.«[16] Das ist die Arroganz westdeutscher Theologen, die nicht erkennen, wie provinziell und kontextuell ihre eigene Theologie daherkommt.

Ich bin dankbar, dass meine Eltern als Kfz-Mechaniker und Krankenschwester sehr bodenständig waren. Als Predigerin hat mir das eine Sprache bewahrt, die, wie es oft heißt, »nahe bei den Menschen« ist. Gleichzeitig habe ich oft erlebt, wie gefragt wurde, ob ich überhaupt »eine gute Theologin« sei. Man hat mir »heilige Teestubeneinfalt« (Jan Fleischhauer) vorgeworfen, ich würde eine »Toastbrottheologie« (Alan Posener) betreiben. Früher hat mich das verletzt. Heute frage ich mich, wer denn dafür den Maßstab vorgeben will, was gut und was schlecht ist. Theologie meint ja, dass wir über Gott sprechen. Das kann nach evangelischem Verständnis jeder Christ, jede Christin. Niemand muss das durch hochintellektuelle Sprachleistungen beweisen. Von Gott so zu reden, dass es das Herz der Menschen bewegt, dass sie erleben: Das hat etwas mit mir zu tun, darum geht es.

Aber zurück zu den Abzweigungen: Lebensentscheidungen treffen wir auch mit Blick auf Freundinnen

---

16 Ralph Bollmann: Luther ist die Pleite des Jahres, FAZ, 11. Juli 2017.

und Freunde. Kürzlich habe ich einen Vortrag zum Thema »Das Zeitliche segnen« gehalten, in dem es um Sterben und Trauer, aber eben auch um die Würde beim Abschiednehmen ging. Am nächsten Morgen fuhr mich Andreas Malessa, der mich eingeladen hatte, zum Bahnhof und erzählte, seine Frau und er hätten beim Frühstück darüber diskutiert und seien darauf gekommen, dass das, was ich über Abschiede gesagt hätte, doch nicht nur für das Sterben, sondern auch für Freundschaften gilt. Manchmal dümpelten sie nur noch vor sich hin, man habe eigentlich gar keine Lust mehr, sich zu treffen, die Interessen gingen auseinander, aber es komme nicht zu einem würdevollen Abschied. Da bleibe dann immer so eine bleierne Luft, ein schlechtes Gewissen.

Ich finde das einen wirklich interessanten Gedanken! Denn es geht mir auch so mit Blick auf Freundschaften. Es gibt einige, sehr wenige Freundschaften, bei denen seit Jahrzehnten ein dichter Kontakt besteht. Wir sehen uns regelmäßig, tauschen uns intensiv aus. Auch die Entfernung zwischen unseren Wohnorten spielt dabei keine große Rolle. Wenn wir uns von Zeit zu Zeit wiedersehen, können wir fast nahtlos an die Gespräche vom letzten Mal anknüpfen. Und dann sind da alte Bekanntschaften oder Freundschaften, die dümpeln vor sich hin, das Interesse aneinander scheint verloren zu gehen, auch weil die Lebenswege sich so unterschiedlich entwickelt haben. Selbst wenn wir räumlich nahe beieinander wohnen, sehen wir uns selten. Und wieder andere Freundschaften habe ich dann auch beendet, weil klar war, dass die Unebenheit zu groß ist, die Differenzen zu massiv sind, als dass da neue Brücken gebaut werden könnten. Solche Abschiede sind manchmal schmerzhaft. Aber wir müssen sie auch zulassen, denke ich.

Vor einer Weile habe ich den Roman »Die Verunsicherten« von Amin Maalouf gelesen. Er erzählt von Adam, einem Mann Anfang 50, der nach Jahrzehnten aus Frankreich in den Libanon zurückkehrt, weil ein sterbender Freund ihn darum bat. Als er eintrifft, ist der Freund bereits verstorben. Doch Adam taucht ein in Erinnerungen an alte Zeiten, trifft Menschen wieder, mit denen er als junger Mann befreundet war. Und er entdeckt, wie unterschiedlich die Lebenswege waren. Zum Teil hängt es an der Verschiedenheit der Religionen, aber auch an den Entscheidungen Einzelner beziehungsweise deren Eltern. Es entsteht die Idee, dass diejenigen, die vor vielen Jahren eine Freundschaft verband, sich noch einmal treffen. Wie besessen verfolgt er diesen Gedanken. Er will das alte Band neu entstehen lassen, obwohl deutlich wird, wie weit sich die Lebensvorstellungen derer, die im Alter von 25 Jahren gute Freunde waren, inzwischen voneinander entfernt haben. Eine aus der Runde mit Namen Semiramis trauert noch immer ihrer verstorbenen Liebe Bilal nach, einem Mann, der durch einen Schusswechsel starb. Bilals Bruder ist Islamist geworden. Murad ist tot und seine Witwe Tania bitter geworden, weil sie weiß, dass Adam dessen Lebensstil verurteilt hat. Albert ist in die USA ausgewandert, wo er seine Homosexualität frei leben kann. Naim ist Jude, er lebt in Südamerika, um frei zu sein von den Auseinandersetzungen des Nahen Ostens. Ramzi, der Christ ist, lebt als Bruder Basil im Kloster. »Die Religion ist wichtig, aber doch nicht wichtiger als die Familie, als die Freundschaft, die Loyalität«,[17] sagt dessen Bruder Ramez.

Adam muss schließlich erkennen, dass es kaum möglich ist, die Freundschaften der Studienzeit einfach so über alle Entwicklungen hinweg wiederaufleben zu lassen. Die unterschiedlichen Lebenserfahrungen, die Religion, die Politik, sie haben das Band zerrissen, das sie einst verbunden hat. Adam stirbt am Ende durch einen tragischen Autounfall, kurz bevor alle an einem Tisch Platz nehmen können.

Das ist ein wunderbares Buch, finde ich, ein Roman über die Freundschaft, der sie nicht idealisiert, sondern ihre Brüche zeigt, die durch Lebensentscheidungen, aber eben auch durch äußere Umstände zustande kommen. Da scheitert Freundschaft an mangelndem Verständnis füreinander, an widrigen politischen Konstellationen, an der religiösen Ausrichtung, an der Liebe und durch die Trennung von Paaren. Menschen, die sich einst sehr nahestanden, schlagen sehr verschiedene Lebenswege ein. Die Unterschiede lassen sich nicht mehr überbrücken, auch wenn die Sehnsucht da ist, sie könnten sich noch einmal so nahe und vertraut sein wie damals.

---

17 Amin Maalouf: Die Verunsicherten, Zürich–Hamburg 2014, S. 262.

Wenn wir älter werden, erleben wir das alle: Bei Klassentreffen, silbernen oder goldenen Konfirmationen, wenn wir nach Hause kommen und jemand einen runden Geburtstag feiert. Mit manchen Menschen kannst du sofort wieder an die Vergangenheit anknüpfen, als hättest du sie eben erst gesehen. »Hallo Margot«, sagte der Bruder eines Freundes bei dessen Geburtstag ganz salopp – unser letztes Treffen war 40 Jahre her. Bei anderen merkst du die Entfremdung. Sie leben in ihrer eigenen Welt, es dreht sich alles ums Haus, oder sie haben politische Ansichten, die du überhaupt nicht teilen kannst. Eine Cousine sagte mir: »Frauen können in Deutschland heutzutage ja nicht mehr allein auf die Straße gehen.« Was tust du dann? Dagegenhalten, weil du die Aussage absurd findest? Oder schweigst du, weil du die nette Wiedersehensatmosphäre nicht gefährden willst?

Wir wissen mit zunehmendem Alter, dass einzelne Abzweigungen das Leben schlicht entscheidend verändern können. Und es gibt nicht nur Abzweigungen, für die wir uns nach reichlicher Bedenkzeit entscheiden, sondern auch solche, vor denen wir ganz plötzlich stehen. Mir ging das so, als meine Autofahrt unter Alkoholeinfluss öffentlich skandalisiert wurde. Die Autofahrt fand an einem Samstag statt, die *Bild*-Zeitung machte sie am Dienstag öffentlich, am Mittwoch früh berichteten so ziemlich alle Medien der Republik. Am Nachmittag des gleichen Tages bin ich als Landesbischöfin und Ratsvorsitzende der Evangelischen Kirche in Deutschland zurückgetreten. Ich hatte nur wenige Stunden Zeit, zu entscheiden. Als Vorbild habe ich mich nicht gefühlt. Und ich habe mich stets dagegen gewehrt, eine Art »Rücktrittsexpertin« zu sein.

Im »Interview der Woche« zu Ostern 2018 hat mich Christiane Florin, die Redakteurin des *Deutschlandfunks,* intensiv dazu befragt, was es bedeutet, als Pfarrerin zu versprechen, »vorbildlich zu leben«. Ich finde, dass dies von einer Pfarrerin oder einem Pfarrer zu verlangen ist, weil sie die Kirche öffentlich repräsentieren. Aber das heißt gerade nicht, fehlerfrei zu sein, sondern sagt etwas darüber aus, wie wir mit unseren Fehlern umgehen. Ich habe schon geschrieben, dass mir an der Bibel gut gefällt, wie sie nicht nur makellose Helden zeigt, sondern auch Menschen mit Fehlern und Brüchen. Und gerade diesen Menschen, die nach gängiger Meinung eigentlich keine Vorbilder sind, traut Gott zu, für den Glauben einzustehen. Das ist eine riesige Ermutigung!

Heilige sind für uns Evangelische eben nicht Menschen ohne Fehler. Sondern, das hat schon Martin Luther so gesagt, diejenigen, die wissen, dass sie ganz auf Gottes Gnade angewiesen sind. Menschen, die gerade nicht überheblich meinen, in irgendeiner Weise perfekt zu sein. Pfarrerinnen und Pfarrer haben in unserem Amtsverständnis deshalb keinen Weihestatus, der sie von anderen Menschen in ihrem Wesen unterscheidet, sondern sie haben einen besonderen Auftrag, einen Beruf, der gleichzeitig Profession ist.

Ich kann jetzt, mit 60, in Frieden auf meine Lebensentscheidungen zurückschauen. Es waren Abzweigungen, die ich nehmen musste. Vielleicht wäre mein Leben anders verlaufen, wenn ich an der einen oder anderen Stelle anders entschieden hätte. Aber ich bin froh mit allem, so wie es war.

Mit zunehmendem Alter
und abnehmendem Verstande

Mit Zwanzig wusste man ziemlich genau,
was man wollte.
Nicht etwa, dass man auch immer tat,
was man sollte.
Aber was man sollen sollte;
das wusste man genau.
— Heut ist man nur von Zweifeln voll
und weiß nicht, was man will noch soll.
Mascha Kaléko

4. Von Liebe, Ehe, Trennung und Partnerschaft

In der Bibel heißt es: »Es ist nicht gut, dass der Mensch allein sei« (1. Mose 2,18). Und an anderer Stelle: »Genieße das Leben mit der Frau, die du lieb hast« (Pred 9,9). Was bedeutet das im Alter? Es gibt viele Ehen, die lange, oft ein Leben lang halten. Ich habe oft gesagt, dass ich Menschen darum beneide. Als Landesbischöfin habe ich Paaren gratuliert zur goldenen, eisernen, ja diamantenen Hochzeit. Es ist für mich eine schöne Vorstellung, miteinander alt zu werden. Vielleicht ein Haus zu haben, in das dann Kinder und Enkel zu Besuch kommen. Das klingt nach einem Lebensabend in Ruhe und Frieden für alle Generationen.

Denn das erlebe ich: Eine Patchworkfamilie macht solche Planungen doch manchmal ziemlich schwierig. Wer feiert mit wem Weihnachten? Wo sind die Kinder an den Geburtstagen? Wann und wie oft wird wer besucht? Als wir darüber sprachen, wie kompliziert so ein Zusammenleben als Patchworkfamilie sein kann, sagte mir ein Freund: Glaub nur nicht, dass ein Zusammenbleiben in einer Ehe das Leben einfacher macht. Du musst immer wieder überlegen: War es das, oder kommt da noch was? Bleiben wir nur aus Gewohnheit zusammen, oder ist das wirklich der Mensch, dem ich vertrauen, mit dem ich für immer leben will? Können wir die Partnerschaft lebendig halten, oder erstarren wir in Routine? Harpe Kerkeling hat das in seiner Parodie von Evje van Dampen eindrücklich vorgeführt: »Liebe ist Arbeit, Arbeit, Arbeit.« Und das ist sicher in langjährigen Ehen so. Es besteht die Gefahr, dass sich Routine einschleicht, beide nicht mehr neugierig sind auf Neues, sie keine Veränderung mehr wollen und gar nicht merken, dass ein Entfremdungsprozess durch Desinteresse einsetzt.

Ein schönes Beispiel dafür liefert der unvergessene Loriot mit seinem Film »Papa ante Portas«. Heinrich Lohse, Einkaufsdirektor bei der Deutsche Röhren AG, wird im Alter von 59 Jahren von seinem Chef plötzlich in den Vorruhestand versetzt. Er beschließt, zukünftig im Haushalt mitzuhelfen, obwohl er in dieser neuen Rolle keinerlei Erfahrung hat. Seine Frau Renate ist schockiert und der Konflikt zwischen den beiden vorprogrammiert, zumal Heinrich Lohse, den Loriot (Vicco von Bülow) selbst spielt, auch zu Hause weiterhin alles zu managen versucht.

Loriot war ein sehr guter Beobachter, sonst hätte er diesen Film nicht derart gekonnt inszenieren können. Familie Lohse hat sich längst daran gewöhnt, dass der Vater den ganzen Tag im Büro oder auf Reisen ist. Nach der Verabschiedung muss dieser seine neue Rolle erst einmal finden – und die anderen müssen es auch!

So kommt es zu heftigen Auseinandersetzungen und Verwicklungen, bis das Paar sich in der neuen Situation zurechtfindet.

Einmal habe ich einen hochverdienten Mitarbeiter vor großer Kulisse verabschiedet, samt obligatorischem Blumenstrauß für die Ehefrau mit Dank für alle Unterstützung. Sie nahm den Strauß freundlich entgegen. Am nächsten Tag erfuhr ich, dass ihr Mann am gleichen Tag, direkt nach der Feier, endgültig zu seiner Freundin gezogen war. Alle hatten offenbar gewusst, dass die Konstellation so war, nur ich nicht. Ich kam mir danach richtig blöde vor, weil ich von alldem nichts mitbekommen und der Ehefrau noch Blumen überreicht hatte, ohne zu ahnen, wie die Frau sich in diesem Moment gefühlt haben muss. Viele Jahre später traf ich sie in einem Restaurant wieder. Sie kam auf mich zu und sagte: »Frau Käßmann, erinnern Sie sich?« Dann entschuldigte sie sich quasi bei mir, wie peinlich ihr das damals gewesen sei. Sie habe um die Situation gewusst, hätte aber die Fassade bewahren wollen. Nachdem alles geklärt sei, gehe es ihr heute sehr, sehr gut. Seitdem habe ich Frieden mit dieser Geschichte.

In meinem Bekanntenkreis gibt es einen Mann, der immer wieder in einem lockeren Tonfall sagte: »Das ziehe ich jetzt bis zum Ende durch.« Alle wussten, dass er Affären mit anderen Frauen hatte, ich denke, auch seine Ehefrau. Aber Scheidung, so sagte er, käme für ihn nicht infrage. Er war dann vollkommen vor den Kopf gestoßen, als seine Frau irgendwann von jetzt auf gleich auszog und die Scheidung einreichte.

Er hatte sie offensichtlich nicht gefragt, ob auch sie »das durchziehen« wollte. Manchmal braucht es eben auch den Mut, sich zu trennen. Wenn das Vertrauen zerstört ist, die gemeinsamen Grundüberzeugungen fehlen und zwei Menschen nicht mehr aneinander wachsen, dann ist es richtig, auseinanderzugehen – und zwar möglichst im Frieden.

Aber manchmal braucht es auch den Mut, zusammenzubleiben. Es ist großartig, wenn das gelingt. Wenn zwei überlegen, was sie gemeinsam Neues entdecken könnten. Wie sie miteinander ihr Altwerden gestalten wollen. Wenn Freude aneinander lebendig ist. Aber das alles braucht Einsatz! Ein Paar kann eine Ehe nicht einfach so vor sich hin dümpeln lassen. Mein Eindruck ist, dass dies den jüngeren Leuten viel eher bewusst ist. Meine älteste Tochter hat einmal gesagt, das liege daran, dass meine Generation kaum Scheidungen kannte, ihrer Generation aber sehr bewusst sei, dass Ehen auch zerbrechen können. Ich würde mich freuen, wenn es vielen Paaren gelingt, miteinander wirklich das ganze Leben zu verbringen!

Scheidung und Trennung

Aber: Die Zahl der Paare, die sich auch noch nach der Silberhochzeit scheiden lassen, nimmt zu. Das zeigt, dass Menschen sich noch etwas vom Alter und ihrer Zukunft versprechen und nicht einfach sagen: Das halte ich aus, oder das ziehe ich irgendwie durch. Es ist auch eine große Freiheit unserer Gesellschaft, dass eine Scheidung heute kein Stigma mehr ist. Bei einem Empfang erzählte mir eine Frau, ihr Mann wolle sich scheiden lassen, aber sie werde sich bis zuletzt wehren, denn es wäre ihr peinlich, eine geschiedene Frau zu sein. Dann würde man merkwürdig angeschaut und nirgends mehr eingeladen. Ich habe versucht, ihr zu sagen, dass das Unsinn ist.

Ich musste mich wegen meiner Scheidung in kirchlichen Kreisen vielfach rechtfertigen. Da wurde gefragt, ob dies mit dem Amt einer Bischöfin zu vereinbaren sei. Hoch moralische Anschuldigungen entstanden, die mit der realen Situation von meinem Mann und mir nichts zu tun hatten. Aber gesellschaftlich diskriminiert oder ausgegrenzt wurde ich deswegen nie.

Es war bei uns ein langer Prozess des Auseinanderlebens, an dessen Ende eine ruhige Trennung stand. Da gab es keinen plötzlichen Bruch. Und ich hatte ja weiterhin Familie, einen Beruf, der mich ausfüllte, Freundinnen und Freunde. Ich war rundherum zufrieden. Ohnehin hatte mein Ehemann mich fast nie zu offiziellen Anlässen begleitet, ich war es gewohnt, allein hinzugehen. Das übrigens wäre ein eigenes Thema: Wie sehr wird von manchen Männern Wert darauf gelegt, eine Frau an ihrer Seite zu haben! Das habe ich meinem Vorgänger im Amt einmal gesagt, als er ein wenig bedauernd fragte, ob es denn wieder einen Mann in meinem Leben gäbe. Ich fand das nicht notwendig, aber in der Tat, es ist wesentlich leichter, zu zweit zu einem Empfang zu erscheinen als allein. Da musst du erst mal schauen, mit wem du sprechen kannst, du bist viel mehr gefordert. Seine äußerst freundliche Ehefrau hat immer umsichtig geschaut, ob er alle begrüßt, sie richtig wahrnimmt beziehungsweise überhaupt sieht. So jemand an deiner Seite zu wissen, das ist schon beneidenswert. Zu meinem 60. Geburtstag hat er mir wiederum gewünscht, dass ich endlich einen Menschen an meiner Seite habe – das hörte sich fast so an, als sei das Geschlecht egal, was für ihn revolutionär wäre. Aber es war wieder dieser Hinweis: Es ist defizitär, ohne Partner oder Partnerin zu leben.

Ich fand oft Briefe lustig, in denen so explizit stand: Herzliche Grüße »auch von meiner Frau« – obwohl ich die Frau gar nicht kannte! Was soll das signalisieren? Ich hoffe nicht: »Anders als Sie lebe ich in geordneten Verhältnissen.«

Wo machst du in Sachen Familienstand dein Kreuzchen, wenn du beispielsweise ein Visum für China beantragst? Bei »single« oder bei »andere«? Schreibst du zur Erläuterung »geschieden«? Manchmal stand das auch zur Auswahl. Das hat mich geärgert! Geht es die Welt eigentlich etwas an, ob ich mal verheiratet war? Dennoch ist am Ende mein Fazit: Ich sehe im Geschiedensein keinen diskriminierenden Status, auch wenn es manchmal Kuriosa gibt.

Manche Trennung im Alter ist aber auch eine ganz ungewollte. Zwei meiner Freundinnen haben einen deutlich älteren Ehemann, und beide Männer leiden an Alzheimer. Das ist ein sehr schmerzhafter Prozess des schleichenden Abschiednehmens. Bei einem der Paare war ich zu Besuch, nachdem wir uns zwei Jahre nicht gesehen hatten. Die Situation hatte sich zwischenzeitlich vollkommen verändert. Er, der früher immer bestens politisch informiert war, ein kluger Kopf, mit dem du Abende lang über Gott und die Welt sprechen konntest, erzählte nur noch von den Hunden in der Nachbarschaft. Das war jetzt seine Lebenswelt. Und als ich meiner Freundin die Fotos von der Trauung meiner Tochter zeigen wollte, kam er ständig dazwischen und zeigte Fotos aus dem Zoo der Stadt, in der sie leben. Wir konnten nicht zu zweit spazieren gehen, nicht miteinander reden ohne ihn, es gab eine fast aggressive Eifersucht, wenn er das Gefühl hatte, wir sprechen über etwas, das er nicht mitbekommt. Was soll sie tun, fragt sie sich. Erst einmal hat sie ihren Arbeitsvertrag verlängert, über das normale Rentenalter hinaus. Ganz zu Hause zu sein, das erträgt sie derzeit nicht. Bisher hatte sie jemanden stundenweise zur Betreuung ihres Mannes engagiert, jetzt wird sie das Gästezimmer freiräumen, weil eine Ganztagsbetreuung für ihn notwendig geworden ist.

Die andere Freundin hatte die Phase der Ganztagsbetreuung bereits eingeläutet, als sie selbst schwer erkrankte. Ich war mit ihr beim Arzt, als der ihr glasklar offenlegte, wie das kommende Jahr für sie aussehen würde: Chemotherapien, eine Operation, Bestrahlungen. Mit den Folgen Müdigkeit, Erschöpfung, Übelkeit, Haarausfall etc. Viel Schonzeit sei angesagt, um das zu bewältigen. Wie sollte sie da die Kraft finden, parallel ihren Mann zu betreuen, der ihr nicht mehr von der Seite wich, wenn sie zu Hause war? Nach langem Überlegen entschloss sie sich, ihn in eine Heimbetreuung zu bringen. Eine schwere Entscheidung, denn klar war: Er wird nicht wieder nach Hause kommen. Demenz beschleunigt sich durch Ortswechsel. Sie hatte ein schlechtes Gewissen. Aber er gewöhnte sich erstaunlicherweise gut ein. Wenn sie zu Besuch kam, erkannte er sie durchaus, erzählte ihr aber die merkwürdigsten Geschichten. Es war eine Trennung, wie sie sie sich niemals ausgemalt hatte.

Meine Freundin sagt manchmal, sie sei ein verheirateter Single. Der Partner ist ihr abhandengekommen. Und da ist dieses unangenehme Gefühl der Macht. Sie entscheidet, ob sie ihm eine Flasche Wein mitbringt – und ob es guter Wein ist oder billiger Fusel. Er bemerkt es nicht. Sie entscheidet, ob sie die 15 Euro für den wöchentlichen Ausflug des Heims finanziert oder es bleiben lässt – er ist ihr ausgeliefert. Mir hat einmal ein Arzt gesagt, nach seiner Erfahrung räche sich so manche Ehefrau an ihrem dementen Mann für alle erlittene Schmach. Ich fand das damals merkwürdig, aber inzwischen verstehe ich, was er meint. Ist einer der Partner dement, ist er dem anderen ausgeliefert.

Im Idealfall ist es natürlich wie bei meiner Freundin, die das Beste für ihren Mann will, ihn liebevoll versorgt, wenn auch nicht zu Hause, ja sogar seine Wäsche aus dem Heim mitnimmt und für ihn wäscht. Aber was, wenn der oder die andere das nicht will? Oder was passiert, wenn gar niemand da ist, der überhaupt etwas will? Viele Frauen, die ihren Mann gepflegt und versorgt haben, sind am Ende vollkommen ausgebrannt und dann im Alter allein.

In dem Film »Das Leuchten der Erinnerung« mit Helen Mirren und Donald Sutherland in den Hauptrollen wird dieser Prozess der schleichenden Entfremdung gut dargestellt und auch mit einer Portion Humor gemischt. Er ist schon ziemlich dement, sie schwer krebskrank. Am Ende unternehmen beide eine Reise mit ihrem alten Caravan an Orte, an denen sie in Urlauben gern waren. Sie trauert, ja sie ist zornig, wenn er sich nicht erinnert. Bei ihm leuchten nur manchmal plötzlich klare Erinnerungen auf, und er trauert, wenn er begreift, wie ihm die Wirklichkeit entgleitet. Zuletzt bringt sie ihn um und nimmt sich dann selbst das Leben, weil sie glaubt, so sei es am besten. Ich weiß es nicht. Über das Ende des Films haben wir im Freundeskreis nach dem Kinobesuch heftig diskutiert. Wer entscheidet denn, was lebenswertes Leben ist? Manche dementen Menschen, die ich kennengelernt habe, schienen mir sehr zufrieden. Kindlich zufrieden vielleicht. Und die nicht Dementen wollen sich so nicht sehen. Aber wer will beurteilen, was richtig ist? Für eine Partnerschaft bedeutet die Erkrankung jedenfalls ein schleichendes Beenden, denn Partner oder Partnerin kann der oder die andere irgendwann nicht mehr sein.

Ein Ende von Partnerschaft gibt es auch durch den Tod. Wenn das in jungen Jahren geschieht, ist es besonders bitter. Ein Paar, an das ich denke, hatte gerade alles erreicht, was sie sich gewünscht hatten: Die

Töchter waren aus dem Gröbsten raus, wie es so schön heißt. Das alte Haus hatten sie mit viel Liebe und Geld renoviert – da kam die Krebsdiagnose. Dreizehn Monate später war der Mann tot, die Frau allein mit den Kindern, dem Haus und den Schulden. Und mit dem Klischee, nun Witwe zu sein, was in ihrem dörflichen Umfeld mit sehr engen Rollenzuschreibungen verbunden war. Ich habe ihren Kampf mit der neuen Situation über viele Jahre miterlebt. Und dann hat sie irgendwann versucht, aus der Trauer herauszufinden, sich einen neuen Partner zu suchen. Sie musste erleben, wie hoch die Hürden dafür sind. Heute sagt sie, Autonomie, das sei ihr Thema. Endlich zu lernen, selbstständig und sich selbst auch genug zu sein. Viele werden ja bitter, wenn sie keinen neuen Partner finden. Wichtig ist es jedoch, überhaupt in Beziehung mit anderen Menschen zu leben, Freundschaften zu pflegen, den eigenen Weg im Leben zu finden. Du kannst in einer Paarbeziehung leben und sehr einsam sein. Du kannst allein leben und überhaupt nicht einsam sein. Es kommt darauf an, das Leben zu gestalten.

Heute sehe ich die Situation meiner Freundin Almut, als ihr Mann starb, dramatischer als vor 15 Jahren. Kürzlich erzählte ich ihr, dass einer meiner Schwiegersöhne seinen 44. Geburtstag gefeiert hat. Sie sagte: »So alt war Thomas bei der Krebsdiagnose.« Das hat mich erschreckt. Damals hatten wir beide schon Kinder, standen im Leben, ich fand uns schon erfahren und erprobt. Im Nachhinein stellten wir beide fest, dass wir damals mit dem Bewusstsein unterwegs waren: Das Leben muss irgendwie bewältigt werden, mit all den Anforderungen, damit es gut weitergeht. Heute mit 60 wissen wir: Das Leben kann derart tiefe Einschnitte mit sich bringen, dass es sich vollkommen verändert. Und erst rückblickend sehen wir, wie schwer manche Jahre tatsächlich waren.

Allein leben

Wer ohne Partner oder Partnerin alt wird, sollte auf jeden Fall nicht bitter werden. Allein leben kann auch ein Gewinn sein. Ich habe einige Zeit gebraucht, um mich daran zu gewöhnen. Aber dann habe ich die Freiheit etliche Jahre auch genossen, selbst zu entscheiden, wie ich lebe, was ich tue, mit wem ich meine Zeit verbringe. Ich finde, allein zu leben ist kein Stigma mehr in unserer Zeit, sondern eine durchaus erstrebenswerte Lebensform.

Eine meiner Freundinnen lebt schon viele Jahre allein – aber eben nicht einsam. Sie ist gern allein, hat aber viele Beziehungen, die sie intensiv pflegt. Ich wüsste nicht, warum ihr Leben weniger erfüllt sein sollte als das einer Frau, die in einer Paarbeziehung lebt. »Es ist nicht gut, dass der Mensch allein sei«, das Bibelwort meint ja nicht, dass alle »zu zweit« leben müssen. Und es gibt eben auch einfach verschiedene Phasen im Leben. Meine älteren drei Töchter sind verheiratet und haben Kinder. Eine sehr schöne Lebensform. Anders als ihre drei älteren Schwestern erprobt meine jüngste Tochter noch das Leben, sie ist beruflich hoch engagiert, hat viele Pläne. Ehe und Familie sind für sie nicht ausgeschlossen, aber zurzeit schlicht weit entfernt. Wir sollten dringend damit aufhören, verschiedene Modelle des Lebens gegeneinander auszuspielen, gerade auch als Frauen. Allzu lange wurde gewertet, was ein »gutes Frauenleben« ist. Ich bin heilfroh und dankbar, in einem Land zu leben, in dem es die Freiheit gibt, so wie die meisten oder auch ganz anders zu leben.

Aber in unserer Gesellschaft wird noch immer die Paarbeziehung als das einzig erstrebenswerte Lebensmodell angesehen. Nur deshalb sind ja »Datingportale« wie *Parship, Elitepartner* oder bei Jüngeren *Tinder,* über die sich via Internet erste Kontakte knüpfen lassen, derart gefragt. Millionen Menschen suchen dort für sich den passenden Partner, die passende Partnerin. Ich finde, in einer Zeit, in der es zunehmend schwieriger wird, jemanden einfach so irgendwo kennenzulernen, können solche Portale durchaus sinnvoll sein. Das hat keinen Beigeschmack mehr. Ich erinnere mich daran, dass eine Bekannte vor vielen Jahren ihren Ehemann über eine *Die Zeit*-Anzeige kennengelernt hat. Das war ihnen beiden später immer ein wenig peinlich. Warum eigentlich? Sie haben wunderbar zusammengepasst, zwei Kinder bekommen und auch Enkel. Eine andere Frau, die ich gut kenne, hat kürzlich ihren Partner über *Parship* kennengelernt. Sie meinten beide im Nachhinein, das sei ihrer irgendwie nicht würdig, und haben stattdessen erzählt, sie seien bei einer Vernissage aufeinandergetroffen. Warum, frage ich mich. Peinlich finde ich das alles nicht. Es ist doch gut, wenn es die Möglichkeit gibt, sich im Internet vorsichtig anzunähern, zu schauen, ob es Gemeinsamkeiten gibt. Aber zum »Dating« gehört auch Verantwortung, ob bei einer Zeitungsanzeige oder im Onlineportal, finde ich. Einfach irgendwann ohne Erklärung zu verschwinden oder Tatsachen zu verschweigen ist schlichtweg ein mieses Verhalten, ob online oder offline.

Denn auch wenn die Werbung behauptet, alle elf Minuten verliebe sich jemand bei *Parship,* sind die Berichte, die ich höre, ganz anders. Zum einen ist es anstrengend, immer wieder jemanden zu treffen, den du nicht kennst und dem du dich präsentieren musst. Ein Freund sagte: Du siehst eine Frau, weißt auf den ersten Blick, das passt nicht, aber es wäre auch verletzend, sie jetzt einfach da sitzen zu lassen. Also machst du ein bisschen Smalltalk, quälst dich durch das Treffen, und dabei ist dir doch vom ersten Moment an klar: Mit uns wird das nichts.

Eine andere Freundin hat mir erklärt, was »Ghosting« ist. Du lernst über ein Datingportal einen Mann kennen. Es gibt eine Weile Mailkontakt, der nett ist. Dann wird telefoniert, es kommt zu mehreren Treffen, auch ein Wochenendurlaub inklusive Sex ist dabei. Sie hat das Gefühl, das könnte etwas werden. Aber auf einmal reagiert er nicht mehr, weder auf Mails noch auf Telefonanrufe, auch nicht bei WhatsApp. Es scheint, als wäre es ein Geist gewesen, mit dem man zusammen war – deshalb auch der Begriff »Ghosting«. Jemand taucht einfach ab, als hätte er nie existiert. Ich finde, dies wird auch dadurch möglich, dass es bei dieser Form des Agierens keinerlei soziale Anbindung gibt. Niemand sagt: Ach, hattest du dich nicht in letzter Zeit mit R. getroffen? Niemand weiß ja irgendetwas, alles ist vollkommen unverbindlich. Damit will ich keinesfalls dem sozialen Druck früherer Generationen das Wort reden! Der hat den Paaren ganz gewiss oftmals nicht gutgetan. Da haben mancher und manche sich in eine Beziehung drängen lassen, die sie niemals wirklich wollten!

Vielleicht geht es um beides: Ja sagen zu können zum Alleinleben, und das nicht als defizitär zu empfinden. Und durchaus zu wagen, eine neue Partnerschaft zu suchen – aber nicht um jeden Preis. Vertrauen, Verlässlichkeit, Verantwortung, das bleiben die drei Vs, die erwartet werden können, auch wenn sich zwei neu kennenlernen.

Neue Partnerschaft

Ich selbst habe mich nach meiner Scheidung gut hineingefunden, allein zu leben. Das war ein längerer Prozess. Eine Scheidung ist ja für die Außenstehenden manchmal überraschend, für ein Ehepaar aber der Endpunkt eines langen Trennungsprozesses. Auch das habe ich erst später begriffen. Mein Mann und ich hatten uns schlicht auseinandergelebt, und die Scheidung war einvernehmlich. Ich habe dann auch Schritt für Schritt bewusst ohne Partner gelebt.

So war ich schon länger »allein«, als ich mich von meinem Mann scheiden ließ, und daran gewöhnt, bei öffentlichen Veranstaltungen ohne Partner an der Seite aufzutreten. Mit Freundinnen oder Töchtern habe ich Urlaub gemacht und dies nicht als mangelhaft empfunden. Als ich schließlich nach meinem Rücktritt von den kirchlichen Ämtern fünf Monate in den USA war, lebte ich ganz allein, nach langer Zeit eine Weile ohne meine Familie. Mir ist wichtig, dass das heute nicht mehr diskriminiert wird und du dich auch nicht schlecht dabei fühlen musst. Allein leben hat ja durchaus Vorteile.

Aber ich finde, Menschen sollten auch offen sein für eine neue Partnerschaft, ich wüsste nicht, was dagegen spricht. Und das passiert ja auch immer wieder. Auf einmal hat eine Freundin einen neuen Mann an der Seite, damit hatte ich gar nicht gerechnet. Und immer öfter finden sich Menschen zusammen, die sich aus ihrer Jugendzeit kennen. Da gibt es dann auch die Probleme des »Ghosting« nicht, weil klar ist, woher jemand stammt, in welchem Umfeld er oder sie aufgewachsen ist.

Gut finde ich, dass sich Frauen heute, wenn sie berufstätig waren, finanziell selbst absichern können. Dazu tragen ja auch gesellschaftliche Veränderungen wie die Anerkennung von Erziehungszeiten bei, auch wenn Frauen noch immer wesentlich weniger Rente erhalten als Männer. Wenn es aber nicht um gegenseitige Absicherung – sei es rechtlicher oder finanzieller Natur – geht, ist die Beziehung doch auch freier, finde ich.

Und wie ist das mit dem zweiten Heiraten? Ein Paar, das ich kenne, hat mehr als zwanzig Jahre zusammengelebt. Beide hatten eine Scheidung hinter sich, das Thema Ehe war für sie abgeschlossen. Nachdem sie eine Krebstherapie durchgestanden hatten, der er sich unterziehen musste, sind sie dann doch zum Standesamt gegangen. Und sie sagt sehr glücklich: »Es fühlt sich irgendwie jetzt anders an!«

Ich habe Paare in zweiter Ehe kirchlich getraut, ich war bei Freundinnen und Freunden dabei, als eine zweite Ehe geschlossen wurde, auch mein geschiedener Mann hat wieder geheiratet. Aber ich selbst werde den Moment nicht vergessen, als ich aus Anlass meiner Scheidung das allererste Mal im Leben vor Gericht erscheinen musste. Das ganze Verfahren dauerte ungefähr sieben Minuten, weil alle Rechtsfragen vorab durch einen Notar mit einem sogenannten »Scheidungsfolgenvertrag« geregelt waren. Dann sagte der Richter: »Bitte erheben Sie sich. Im Namen des Volkes ergeht folgendes Urteil ….«. Mich ärgert die Formulierung bis heute. Was hat »das Volk« mit meiner Ehe zu schaffen? Was wissen andere Menschen über uns? Ich hatte doch auch nicht im Namen des Volkes geheiratet.

Ja, mir ist klar, dass die Ehe ein standesamtlicher Vorgang ist und rechtlich den schwächeren Partner absichert. Als das Eherecht in Deutschland geändert wurde, war ich Mitglied im Rat der Evangelischen Kirche in Deutschland. Damals wurde diskutiert: Befürworten wir eine Eheschließung allein durch die

Kirche? Damals habe ich dafür plädiert, das nicht zu tun. Kirchen treten dafür ein, die schwächeren Partner – in der Regel sind es die Frauen – zu schützen. Das können wir als religiöse Organisation aber gar nicht garantieren. Insofern fand ich es richtig, dabei zu bleiben, dass wir erst nach dem Termin auf dem Standesamt die Menschen kirchlich trauen. Die römisch-katholische Kirche hat das anders entschieden, vor allem um sogenannten »Witwenehen« gerecht zu werden. Da geht es um Paare, die gern wieder heiraten würden, dies aber nicht tun, weil sie dann ihre Witwenrente verlieren würden. Ich erinnere mich gut an einen Juristen, der uns das damals erläutert hat. Er sagte, die Witwenrente sei eine Solidarleistung der Gesellschaft für eine Frau, die nach dem Tod des Ehemannes nicht für sich selbst sorgen könne. Natürlich brauchen auch Witwer eine Solidargemeinschaft, aber es trifft statistisch gesehen mehr Frauen als Männer, in eine solche Notlage zu geraten. Wenn sie aber nun in einer neuen Partnerschaft lebt, warum sollte sie nicht der aktuelle Ehemann mitversorgen statt dass die Gemeinschaft weiterhin ihre Solidarleistung aufrechterhält? Das hat mir eingeleuchtet. Und auch mit Blick auf die mögliche Verheiratung junger Frauen nach religiösen Gesetzen ohne rechtliche Absicherung durch den Staat fand ich es richtig, zu sagen: erst staatliche Verheiratung, dann kirchliche Trauung.

Heute sehe ich das anders, beim Älterwerden darf der Mensch seine Meinung ja auch ändern. Ich kann verstehen, dass zwei Menschen gern ihre Beziehung unter Gottes Segen stellen wollen, ohne die rechtlichen Regelungen einer standesamtlichen Ehe.

Sexualität

Das biblische Buch der Prediger fordert auf, Freude am Leben zu haben. Die Bibel ist überhaupt kein lustfeindliches Buch. Sexualität ist Teil der Erzählungen, die Schönheit der jungen Körper wird gepriesen, Liebe spielt bei vielen Entwicklungen eine große Rolle – aber auch die Eifersucht. Mich stört immer wieder, wie die Bibel zu einem gesetzlichen Text gemacht wird, mit einem drohenden Donnergott, der vor allem Sexualität als Sünde ansieht. Ja, ich weiß, die Verführung Adams im Paradies wird dann zum Ursprung genommen. Die sündige Eva, sie ist so ganz anders als die reine, weil jungfräuliche Maria. Das sind tiefsitzende Bilder, die sich im Lauf der Jahrhunderte verfestigt haben. Aber Adam und Eva werden nicht aus dem Paradies vertrieben, weil sie miteinander schlafen, sondern weil sie Gottes Gebote übertreten haben. Ja, sie erkennen, dass sie nackt sind, und werden sich ihrer Scham darüber bewusst. Aber selbst in der Vertreibung sorgt Gott noch für sie und kleidet sie (1. Mose 3,21). Erst die Kirchengeschichte hat Eva zur sexuellen Verführerin gemacht. Und dass Maria im sexuellen Sinne Jungfrau war, ist nur eine der zahlreichen Erzählungen im Neuen Testament. Zudem bedeutet der hebräische Begriff, der an dieser Stelle zitiert wird, schlicht »junge Frau«. Das alles ist oft geschrieben und gepredigt worden, und doch ist es immer wieder die Sexualmoral, die zum Thema Sünde zuerst aufgeführt wird.

Dann wird das Christentum auf eine Religion voller Verbote und Maßregelungen reduziert und das Evangelium mit einer Moralinstanz verwechselt, obwohl doch gerade Jesus von Nazareth nun überhaupt nicht moralistisch geredet oder gehandelt hat. Interessant dabei ist, dass oft mit zweierlei Maß gemessen wird. Da wird US-Präsident Donald Trump bezichtigt, eine Affäre mit einer Pornodarstellerin gehabt zu haben. Ein Vertreter der evangelikalen Bewegung in den USA erklärt, schließlich gäbe es im Christentum Vergebung. Hätte Hillary Clinton eine Affäre mit einem Pornodarsteller gehabt, wäre das Urteil sicher anders ausgefallen. Gerade Frauen wurde immer wieder Keuschheit, Reinheit und sexuelle Jungfräulichkeit gepredigt. Eine ältere Dame erzählte mir, dass der Pfarrer kurz vor ihrer Trauung durch einen Nachbarn erfahren habe, dass sie schwanger war. Er habe ihr verboten, ein weißes Kleid und einen Kranz zu tragen, da sie nicht »unschuldig« vor den Altar treten würde. Die Dame war, als sie mir diese Geschichte erzählte, schon über 80 Jahre alt, aber bei der Erinnerung an diese öffentliche Demütigung kamen ihr noch immer die Tränen. Da hat die Kirche viel Schuld auf sich geladen, finde ich.

Wir dürfen doch glauben, dass Gott den Menschen die Sexualität geschenkt hat – und auf sie zu verzichten wäre nicht im Sinne der Schöpfung. Martin Luther sah ja deshalb auch keinen Sinn im Klosterleben. Nicht der Rückzug aus der Welt, nicht das Zölibat war für ihn sündenfreies Leben vor Gott. Sondern mitten in der Welt, im Leben, mit Familie, Sexualität, Kindererziehung, Beruf soll sich der Glaube bewähren. Auch deshalb hat Luther ehemalige Mönche, Priester und Nonnen zur Eheschließung aufgefordert und schließlich auch selbst geheiratet. Dabei macht der Mensch Fehler, aber die kann er vor Gott bringen und um Vergebung bitten. Gott droht nicht mit Fegefeuer und Höllenqualen, sondern rechtfertigt mein Leben, bevor ich etwas leiste.

Wenn wir schon über das Alter sprechen: Wenn Sexualität nur mit Blick auf einen Zeugungswunsch erlaubt wäre, hieße das ja, im Alter dürfte es keine Sexualität mehr geben. Oder wir könnten es humorvoll betrachten, und alte Paare dürften miteinander schlafen, wenn sie denn noch immer die Hoffnung hätten, dadurch Eltern zu werden.

Dabei ist sicher die Entdeckung der Sexualität von Älteren ein Thema, das lange Zeit unter der Decke gehalten wurde. Die Soziologin und Frauenforscherin Ursula Richter beschreibt das sehr eindrücklich: »Als ich jung war, habe ich nichts über den alternden oder gar alten weiblichen Körper wissen wollen. ... Ein alter Körper (den wir jedoch kaum gesehen hatten) konnte nicht mehr reizvoll sein, sondern nur abstoßend und unansehnlich, glaubten wir. Jetzt sind wir für die Jüngeren die Alten. In den Augen meiner Kinder und Enkelkinder sehe ich keine Abscheu, wenn sie mich nackt sehen. ... Wer jedoch behauptet, dass eine Frau mit fortschreitendem Alter zum neutralen Wesen wird, hat Unrecht. Ich werde bis an mein Lebensende ein weibliches Wesen sein, auch wenn mein Körper schrumpft, tausend Falten aufweist und viele Fähigkeiten eingebüßt hat.«[18] Das ist eine großartige Einstellung, finde ich. Ob sie sich in einer Welt des Jugendwahns wirklich überall durchgesetzt hat, bezweifle ich.

Aber es gibt neue Bilder. Dass der französische Staatspräsident Macron mit einer wesentlich älteren Frau verheiratet ist, hat für viel Neugier, ja Häme gesorgt. Aber es hat eben auch die Frage öffentlich gemacht, ob es »normal« ist, wenn alternde Männer wesentlich jüngere Frauen zur Partnerin haben – aber »unnormal«, wenn ältere Frauen einen wesentlich jüngeren Partner haben. Und es hat klargemacht: Wenn Frauen älter werden, werden sie nicht zu asexuellen Wesen. Viele Frauen meiner Generation sagen, dass sie befreite Sexualität überhaupt erst im Alter erlebt haben. Die Angst ist vorbei, ungewollt schwanger zu werden. Und die Scham, nicht wie ein Model auf dem Laufsteg auszusehen, legen viele zunehmend ab.

---

18 Ursula Richter: Nackt vor dem Spiegel, in: Publik Forum Extra 4/2010, S. 33 f.

Homosexualität

Es gibt für mich im Rückblick kein Thema, bei dem sich die Mehrheitsmeinung in der Gesellschaft und auch in unserer evangelischen Kirche so schnell und grundsätzlich gewandelt hat wie in der Einstellung zur Homosexualität. Ich erinnere mich, dass wir als Theologiestudierende der Landeskirche Kurhessen-Waldeck Anfang der 80er-Jahre eine Tagung zu »Homosexualität und Kirche« durchgeführt haben. Das galt als skandalös, ein Tabuthema. Vor meiner Wahl zur Landesbischöfin war es geradezu eine Frage nach meiner Glaubenstreue, wie ich zu Homosexuellen in der Kirche stehe. Als wir mit den Leitenden Geistlichen in einer geschlossenen Sitzung einmal über die Zulassung homosexuell Liebender zum Pfarramt diskutiert haben, flüsterte mir bei der anschließenden Mahlzeit ein Leitender Theologe zu: »Ist Ihnen denn nicht klar, dass die alle promiskuitiv sind?« Was für ein Vorurteil!

Heute ist für die Mehrheit der Menschen in Deutschland Homosexualität kein Stigma mehr. Und je älter ich werde, desto mehr Menschen kenne ich, die homosexuell sind! Es gab sie in dieser Zahl sicher auch früher, aber es war schwer, dazu offen zu stehen. Heute sagt mir immer öfter ein Mann: »Mein Mann und ich kommen gern.« Oder kürzlich eine Journalistin, die mich interviewt hatte: »Meine Frau fand die Sache auch interessant.« Wie hat sich das verändert! Und was für eine Befreiung für die einen – und Entkrampfung, ja Entspannung für die anderen!

2018 haben wir in Hannover 40 Jahre »HUK« (Homosexuelle und Kirche) gefeiert. In der Predigt zum Festgottesdienst habe ich über 1. Korinther 13 gesprochen, das Hohelied der Liebe. Ach ja, die Liebe! Den ersten Korintherbrief Kapitel 13 traut man dem Apostel Paulus irgendwie gar nicht zu, oder? Er kommt immer dermaßen streng, ja moralistisch daher: »Das Weib soll schweigen in der Gemeinde« und »… dem Herrn sei es ein Gräuel, wenn der Mann bei dem Manne liegt«. Aber auf einmal preist genau dieser Apostel die Liebe!

Ich denke, die Liebe ist tatsächlich die stärkste »Waffe« des Christentums. Nicht, dass die Kirche als Institution das immer praktiziert hätte. Oh, da war viel Lieblosigkeit. Ich erinnere mich gut an die Zeit, als ich 1999 Landesbischöfin in Hannover wurde. Kein Interview, in dem nicht geradezu inquisitorisch gefragt wurde: Wie hältst du 's mit der Homosexualität? Das war eine Art *status confessionis,* geradezu so, als ob die Rechtmäßigkeit des eigenen Glaubens an dieser einen Frage hinge.

Manchmal frage ich mich, ob Frauen einfach weniger Angst vor homosexuellen Männern haben als heterosexuelle Männer? Als ich junge Pfarrerin auf dem Dorf war, sagte jemand: Ist es Ihnen nicht unangenehm, neben einem Homosexuellen zu wohnen? Ich habe gesagt: Was kann dir als Mutter von vier Töchtern eigentlich Besseres passieren! Sexuelle Gewalt, Übergriffigkeit und Diskriminierung erfahren Frauen von heterosexuellen Männern, nicht von homosexuellen. Und, anderes Thema, die homosexuellen Frauen? Die haben meines

Wissens viel seltener jemanden gestört. Eine Kollegin sagte: Als ich mit meiner Partnerin ins Pfarrhaus zog, hieß es: Ist doch schön, dass die Frau Pfarrer nicht so ganz allein ist in dem großen Haus. In England galt das Gesetz gegen Homosexualität nur für Männer, weil Queen Viktoria angeblich gesagt hat, Frauen würden solche Schweinereien garantiert nicht machen.

Der hannoversche Pastor Hans-Jürgen Meyer hat in seinem Buch Lieben – Leiden – Lachen[19] eindrücklich geschildert, wie er für sich selbst niedergeschrieben hat, welche Gründe ihn dazu geführt haben, sich gegenüber der Landeskirche als schwuler Pastor zu offenbaren: Er wollte authentisch leben. Er wollte sich mit seinem schwulen Kollegen Klaus Brinker solidarisieren. Und er wollte den begonnenen Veränderungsprozess der Landeskirche voranbringen. Er schreibt: »Ich wollte meine Kirche liebevoll davon überzeugen, dass es an der Zeit ist, dass sie ihre jahrtausendelang währende negative Einstellung zur Homosexualität überdenkt und wenn es gut läuft, mit einem Schuldbekenntnis revidiert.«[20] Das ist gelungen, aber es war ein steiniger Weg. Ich erinnere mich daran, wie es nach heftigen Diskussionen dazu kam, dass er erst eine halbe Stelle bekam, dann eine ganze und schließlich auch das »i.R.« gestrichen wurde, er nicht mehr »Pastor in Ruhe« war, sondern als offen homosexuell liebender Mann ganz normaler Pastor sein durfte.

---

19 Hans-Jürgen Meyer: Lieben – Leiden – Lachen. Ein schwuler Pastor erzählt, Berlin 2011.
20 Ebd. S. 105.

Es hat sich so viel verändert. Ja, ich weiß: Es gibt sie noch, die Diskriminierung. Aber wie selbstverständlich ist es geworden, dass ein Pfarrer homosexuell ist und mit seinem Mann ins Pfarrhaus einzieht. Kirchenvorstandsmitglieder sind homosexuell, ja selbst Oberlandeskirchenräte leben das offen! Und auch Frauen können sagen, dass sie eine Frau lieben. Isolde Karle schreibt in ihrem Klassiker zur Sexualität: »Nicht die Unterscheidung Hetero- oder Homosexualität ist entscheidend, sondern die Frage nach den grundlegenden ethischen Kriterien einer verantwortlich gelebten Sexualität und Partnerschaft. Selbstverständlich kann homosexuelle Praxis zur Sünde pervertieren, aber dies gilt in gleicher Weise für heterosexuelle Liebe.«[21]

Liebe

Liebe ist einerseits eine Beziehung zwischen zwei Menschen, die ein Gefühl füreinander entwickeln. Und es ist wohl auch Lebenserfahrung, da wir im Lauf der Jahre in Sachen Liebe etwas vorsichtiger werden. Ich weiß, es gibt die »Liebe auf den ersten Blick« und auch die Liebe, die trotz aller Widrigkeiten Jahrzehnte anhält. Aber ich muss jedes Mal lachen, wenn ich das Lied »Ich lass für dich das Licht an« von Revolverheld im Radio höre. Da heißt es unter anderem: »Ich lass für dich das Licht an, obwohl's mir zu hell ist, ich

---

21 Isolde Karle: Liebe in der Moderne, Gütersloh 2014, S. 133.

schaue mir Bands an, die ich nicht mag. Ich gehe mit dir in die schlimmsten Schnulzen, ist mir alles egal, Hauptsache du bist da.« Das beschreibt sicher ein großes und heftiges Verliebtsein, aber so wird auf Dauer keine Beziehung möglich sein. Auch weil der junge Mann, den das Lied besingt, irgendwann genervt sein wird vom Schlafen im Hellen, von den Bands und den Schnulzen, die er nicht mag.

Langfristige Liebe ist kein Höhenflug. Da stellt sich schon die alte Beatles-Frage: »Will you still need me, will you still feed me, when I'm 64?«. Wirst du mich mit 64 noch brauchen und gegebenenfalls sogar füttern, wenn ich dann schon nicht mehr selbstständig essen kann? Denn wenn Menschen miteinander alt werden, ist es schlicht auch die wesentliche Frage, ob sie mit den Schwächen des anderen leben können. Früher haben manche sich dabei gegenseitig erduldet und ausgehalten, selbst wenn es über ihre Kräfte ging. Heute gibt es die Möglichkeit, sich zu trennen, und daher ist es eine bewusste Entscheidung, das Altwerden auch miteinander zu tragen, ja zu ertragen. Wie es sein wird, mit der Gebrechlichkeit des einen oder der anderen umzugehen, ist dabei nur ein Aspekt. Gebraucht werden, sich um den anderen kümmern, ihn versorgen, wenn er selbst nicht mehr kann – aber auch jemanden zu haben, der einem Zärtlichkeit, Nähe und Geborgenheit schenkt, einfach so, und jenseits vom Thema »Bedürftigkeit«. Um diese Aspekte geht es bei jeder Partnerschaft.

Und Liebe gibt es natürlich zu den Kindern, zu

Freundinnen und Freunden. Mein Eindruck ist, dass sich diese Liebe mit zunehmendem Alter noch vertieft. Ich muss mich nicht mehr um meine Kinder kümmern. Aber ich sehe, wie anstrengend und herausfordernd das Leben für sie ist, begleite sie innerlich, wünsche ihnen so sehr, dass sie die Herausforderungen meistern. Und sie schauen etwas nachsichtiger auf mich, das spüre ich, weil ihnen die Lebenserfahrung zunehmend zeigt, dass es keine perfekte Mutter gibt, und sie selbst manchmal an den eigenen Ansprüchen scheitern.

Bei Freundschaften scheint es wie gesagt so, dass sie sich im Alter klären und neu sortieren. Die einen verlaufen sich, weil das Interesse aneinander nachlässt oder die Wege sehr verschieden sind. Andere Freundschaften vertiefen sich, weil man merkt, wie wichtig es ist, jemanden an seiner Seite zu wissen, der uns über eine so lange Strecke schon ein guter Wegbegleiter, eine gute Wegbegleiterin ist. Ein Mensch, der um unsere Stärken und Schwächen weiß, den ich um Rat fragen kann, wenn es im Leben einmal nicht gut läuft. Und der mir immer wieder Mut macht, das eine oder andere anzupacken, was gerade ansteht. Gerade für diejenigen, die ohne Partner sind, wird der Freundeskreis so zur tragenden sozialen Kraft. Es gibt gemeinsame Urlaube, Kino- und Theaterbesuche. Bei einem schönen Essen wird diskutiert, problematisiert, gelacht. Das sind Netze, die uns halten.

Die Liebe hat auch eine politische Dimension. Martin Luther King hat einmal erklärt, dass es bei der Feindesliebe nicht um Eros geht, die romantische Liebe, und auch nicht um Philia, um die Liebe auf Gegenseitigkeit. Nein, es geht um Agape. Er schreibt: »Sie ist eine überströmende Liebe, die völlig freiwillig, unmotiviert, grundlos und schöpferisch ist. Sie wird nicht durch irgendeine gute Eigenschaft oder Leistung ihres Objekts ausgelöst. Sie ist die Liebe Gottes, die im Herzen des Menschen wirkt. Agape ist eine uneigennützige Liebe, in der der Mensch nicht sein Bestes sucht, sondern ›was des andern ist‹ (1 Kor. 10,24). ... Wer einen Menschen nur seiner Freundlichkeit wegen liebt, liebt ihn mehr um des Vorteils willen, den er aus der Freundschaft zieht, als um seinetwillen. Wenn wir also sicher sein wollen, daß unsere Liebe uneigennützig ist, müssen wir den Nächsten lieben, der unser Feind ist und von dem wir nichts Gutes, sondern nur Feindseligkeit und Verfolgung erwarten können.«[22]

Das sind in der Tat große Worte. Martin Luther King wusste, wovon er sprach. Er hat die Diskriminierung aufgrund seiner Hautfarbe persönlich erlebt. Aber er wollte sich mit den Rassisten nicht auf eine Stufe stellen. Das Liebesgebot Jesu machte ihn zu einem Menschen, der konsequent für Gewaltfreiheit eintrat. Und dieses Liebesgebot ist auch heute bei uns hochaktuell, mitten in den gesellschaftlichen und poli-

---

[22] Martin Luther King: Freiheit - Aufbruch der Neger Nordamerikas, Busstreik in Montgomery; (c) J.G. Oncken Verlag Kassel, 1964 (Titel des amerikanischen Originals: Stride Toward Freedom, Verlag Harper & Brothers, New York (c) 1958 by Martin Luther King, Jr.) 3. Auflage, 1964, S. 78 f.

tischen Auseinandersetzungen unserer Zeit. Da ist die Liebe eine Frage der Haltung für Christinnen und Christen.

Das zeigt: Die Bibel lässt sich nicht in eine private Nische pressen oder zur Beruhigung der Gemüter benutzen, sie ist eben nicht Opium des Volkes, zu dem manche sie gern machen würden. Sie hat mit dem Leben der Menschen zu tun, damals wie heute. Das ist keine rein persönliche Angelegenheit, sondern hat oft auch eine politische Dimension, weil unser Verhalten dazu beiträgt, dass gesellschaftliche Entwicklungen vorangehen, sich Dinge ändern – oder eben nicht. In der Politik geht es um Menschen und deren Leben. Auch ein Nicht-Handeln ist ein politisches Handeln.

Die Bibel thematisiert die Fragen des Zusammenlebens, der Gerechtigkeit, des Friedens, den Umgang mit Gottes Schöpfung. Wenn gerade Politiker fordern, die Kirche solle sich um »das Eigentliche« kümmern, dann geht es eben genau darum: das Leben der Menschen. Die Liebe ist dabei ein sehr entscheidendes Kriterium für eine Lebenshaltung.

Es hat sich also viel verändert in Sachen Sexualität, Partnerschaft, Ehe und Alter. Neue Freiheit ist entstanden, und das ist gut so. Aber auch ein behutsamer Umgang miteinander ist aufs Neue gefordert. In einer Welt, die meint, alles kaufen zu können, ist die Liebe eine besondere Herausforderung.

5. Arbeit als Lebenssinn?

Als ich Mitte 50 war, erreichte mich ein Schreiben meiner Landeskirche, das alle Pfarrerinnen und Pfarrer in dieser Zeit erhielten: Angesichts der bisherigen Arbeitszeiten könne ich mit 60, 63 oder 66 Jahren in den Ruhestand gehen. Es folgte eine Hochrechnung, was dies jeweils für die Pensionsbezüge bedeutet. In den ersten zehn Dienstjahren hatte ich kaum Ansprüche gesammelt, weil mein damaliger Mann als Pfarrer verbeamtet wurde, ich aber nicht. In den Jahren als Landesbischöfin hatte ich aber ganz gut aufgeholt. Hinzu kam die Tatsache, dass ich mir durch die Honorare für meine Bücher ein Haus auf Usedom leisten konnte. Ich habe nur kurz nachgedacht und dann entschieden: Ich lasse mich zum frühestmöglichen Zeitpunkt pensionieren, das passt gut mit dem Abschluss des Reformationsjubiläumsjahres zusammen, für das ich in den letzten Berufsjahren gearbeitet habe. Auch meine jüngste Tochter hat Anfang 2018 ihr Studium abgeschlossen und eine Stelle angetreten. Alle meine Töchter sind somit finanziell unabhängig von mir. Der finanzielle Abschlag durch die Pensionskürzung ist für mich gut zu verkraften, dafür gewinne ich frei gestaltbare Lebenszeit.

Mir ist bewusst, dass meine Situation ein großes Privileg darstellt. Andere müssen länger arbeiten, um eine ausreichende Rente zu erhalten. Wieder andere können gar nicht lange genug arbeiten, um das zu erreichen. Gerade viele Mütter haben eine geringe Rente, weil die Kindererziehungszeiten noch immer nicht ausreichend berücksichtigt und finanziell ausgeglichen werden. Viele von ihnen konnten jahrelang nur in Teilzeit berufstätig sein oder gar auf 450-Euro-Basis. Dementsprechend wenig wurde auf das Rentenkonto eingezahlt. Immer wieder wird zudem deutlich, wie starr unser Rentensystem ist. Es gibt Menschen, die gern bis 75 berufstätig wären, andere sind mit 55 an der Grenze ihrer Kräfte angelangt. Ein Dachdecker ist mit 60 körperlich eher an der Erschöpfungsgrenze als ein Mann, der im Büro arbeitet. Eine Lehrerin hat mit 60 vielleicht nicht mehr die Kraft, jeden Tag vor einer Klasse Jugendlicher zu stehen, während eine Steuerfachangestellte eventuell gern bis 66 arbeitet, weil sie sich noch fit fühlt. Da müsste es viel flexiblere Formen geben. In einer Denkschrift der EKD zu diesem Thema, die in meiner Zeit als Ratsvorsitzende erschienen ist, heißt es: »Natürlich können sich unterschiedliche Anforderungen in Berufen oder Tätigkeiten stellen, die spezifische körperliche oder geistige Anforderungen erzwingen. Das kalendarische Lebensalter allein ist jedoch nicht der geeignete Anknüpfungspunkt, wenn es um die Frage geht, inwieweit Menschen fähig sind, spezifische Anforderungen zu bewältigen ... An die Stelle eines Konzepts des Berufsaustritts, in dem Menschen bis zu einem gesetzlich fixierten Lebensalter ›voll‹ arbeiten und danach gar nicht mehr, sollten noch sehr viel stärker als heute Konzepte des gleitenden Ausstiegs aus dem Beruf treten. ... Das starre Festhalten an Altersgrenzen ist angesichts der Vielfalt von Kompetenz- und Lebensformen im Alter nicht mehr angemessen.«[23] Das kommt ein bisschen gestelzt daher, meint aber nichts anderes als die Befreiung von engen Grenzen und Festlegungen. Die Menschen sind einfach verschieden. Und alt sein fordert auf verschiedene Weise Tribut. So wie manche 18-Jährigen noch pubertär wirken und andere schon sehr erwachsen, ist manche Frau mit 66 topfit und eine andere im selben Alter völlig ausgelaugt.

Interessant für mich aber war, dass die Ankündigung, mit 60 in den Ruhestand gehen zu wollen, Diskussionen ausgelöst hat. Einige haben sich empört: Wie kann sie sich das leisten? Frauen haben oft gesagt: Das kann ich gut verstehen, das würde ich auch am liebsten machen. Und dann gab es Diskussionen darüber, dass manches im Alter schwerer fällt, viele Frauen gern mehr Zeit für sich selbst hätten. Viele sehen die Erwerbstätigkeit eben auch als Last und sind froh, wenn es vorbei ist: All der Druck kann endlich von mir abfallen. Ich habe die Zeit – vielleicht auch die Gnade –, mein Leben zu gestalten!

---

23 Im Alter neu werden können. Eine Orientierungshilfe des Rates der Evangelischen Kirche in Deutschland, Gütersloh 2009, S. 54 f.

Frauen haben auch einfach mehr Sozialkontakte, erwiesenermaßen mehr Freundinnen. Sie sind vernetzter, sehen Aufgaben in Haushalt und Familie, haben Freude im Fitnessklub oder im Nachbarschaftstreff. Ich will das nicht idealisieren, aber mein Eindruck ist definitiv, dass Männer sich häufiger durch die Berufstätigkeit definieren als Frauen.

Männer sagen eher: »Aber Sie sind doch noch so fit, warum bloß wollen Sie in den Ruhestand gehen?« Als müsste ich erst gebrechlich sein, um das zu tun. Ich freue mich ja gerade daran, noch leistungsfähig zu sein. Offenbar gibt es besonders bei denjenigen, die im Beruf besonders engagiert sind, eine große Angst vor der Leere, die im Ruhestand folgen könnte. Damit einher geht die Angst vor dem Bedeutungsverlust. Manche wollen sich dann ganz neu erfinden: um die Welt segeln, ein Start-up gründen, noch einmal eine wesentlich jüngere Frau heiraten, spät noch einmal Vater werden. All das zeugt für mich aber eher von Unruhe und Unzufriedenheit als von einem ausgeglichenen Leben. Ein Mann schrieb mir allerdings sehr nachdenklich zum 60., er wünschte, er hätte es gemacht wie ich. Stattdessen habe er sich an der Universität für geradezu unersetzbar gehalten, habe bis 69 weitergearbeitet und bereue das jetzt. Anfang 70 ließen bei ihm die Kräfte rapide nach, er hätte so manches noch gern erlebt.

Vor allem Journalisten sagten: Aber die Öffentlichkeit wird Ihnen doch fehlen, Frau Käßmann! Irgendwie lustig. Genau diejenigen, die mir oft vorgeworfen haben, nicht ohne Öffentlichkeit leben zu können, irritiert jetzt, dass ich mir das sehr gut vorstellen kann. Meine Freiheit sehe ich darin, dass ich gar nicht genau weiß, wie ich mein Alter gestalten will. Vielleicht verbringe ich vor allem Zeit auf Usedom und schreibe Bücher. Oder ich fahre mit Freunden oder auch allein drei Monate durch Frankreich. Ich weiß es schlicht noch nicht. Aber ich freue mich darauf, nicht mehr ein so durchgetaktetes Leben zu führen!

Ein Journalist sagte mir bei einem Empfang etwas süffisant: »Na ja, Frau Käßmann, nur mit den Enkeln Kieselsteine in die Ostsee werfen, wird Ihnen ja wohl schnell langweilig werden!« Auch das weiß ich schlicht nicht.

Dass ich sechs Enkelkinder habe, ist für mich ein großes Glück. Und in der Tat sind auch sie ein Faktor, der mich darin bestärkt hat, so früh wie möglich in den Ruhestand gehen zu wollen. Auf keinen Fall will ich »Ganztagsomi« sein oder mich meinen Kindern aufdrängen. Aber ich weiß noch sehr gut, wie wichtig es für meine Schwestern und mich war, dass unsere Mutter in Notfällen eingesprungen ist, wenn wir Unterstützung brauchten: während einer Grippewelle, wegen der die Kita schließt, bei einer längeren Dienstreise und manchem mehr.

Meine Erfahrung mit den Reaktionen auf meinen Ruhestand mit 60 zeigt mir jedenfalls, dass es da um ein sehr heikles Thema geht. Was ist denn der Sinn des Lebens? Arbeit? Und was ist Arbeit? Ist das Berufstätigkeit gegen Bezahlung? Was würde das denn bedeuten mit Blick auf Menschen, die sich ganz der Erziehung der Kinder oder der Pflege anderer gewidmet haben, ohne dafür bezahlt zu werden? Oder was bedeutet das für Menschen, die mit Behinderung leben müssen? Ich denke an eine Frau, die ihr Leben lang im landwirtschaftlichen Betrieb dafür gesorgt hat, dass der Laden läuft. Sie hat einen großen Haushalt geführt mit riesigem Garten, täglich für alle pünktlich um 8 Uhr das Frühstück, um 12 Uhr das Mittagessen, um 15 Uhr Kaffee und um 18 Uhr Abendbrot auf den Tisch gebracht. Sie hat drei Kinder erzogen, später ihre Eltern und ihre Schwiegereltern gepflegt. Das füllt ein Leben voll und ganz rundherum aus. Es ist Arbeit, die viel Kraft kostet, eine Leistung, die unsere Gesellschaft braucht – die aber nicht bezahlt wird.

Allerdings habe ich diesen Lebensentwurf im ländlichen Kontext auch in der Variante erlebt, dass das eigene Leben ständig durch das gerechtfertigt wurde, was eine Frau in Haushalt und landwirtschaftlichem Betrieb leistet. Jede Form der Muße wurde verachtet, ständig musste erzählt werden, was sie nun schon wieder »geschafft« hat. Da wird mit Verachtung auf die Schwiegertochter geschaut, die nicht genug tut, sondern sich tatsächlich die Freiheit nimmt, einen Einkaufsbummel zu machen, sich mit Freundinnen zu treffen oder mit den Kindern ein Eis essen zu gehen. Das ist eine Form von Rechtfertigung des eigenen Lebens allein durch Leistung, die für alle belastend ist, finde ich.

Mich hat oft irritiert, wenn Menschen in meinem Umfeld mir ständig erzählt haben, wie viel sie arbeiten, wie viele Wochenstunden es sind, dass sie Samstag und Sonntag im Büro waren. Andere sagen, dass sie zwar krankgeschrieben sind, aber selbstverständlich trotzdem zu Hause viel erledigen. Was wollen sie denn damit ausdrücken? Dass sie gebraucht werden, dass sie überbelastet sind oder gar so wichtig? Mich stört das eher, weil ich denke, hier fehlt auch der richtige Rhythmus von Schaffen und Ruhen. Ja, ich habe auch im Urlaub Mails beantwortet. Aber ich konnte immer auch sehr gut die Seele baumeln lassen und hatte danach wieder viele neue Ideen.

»Müh und Arbeit war sein Leben, Ruhe hat ihm Gott gegeben« ist eine Grabsteininschrift, die ich schon immer unsäglich fand. Als ich von der lutherischen Kirche in Island eingeladen war, erzählten der dortige Bischof und seine Frau, dass dort alle Menschen bis 70 arbeiten. Er sagte: »Wir arbeiten alle wahnsinnig viel, und wir sind sehr stolz darauf.« Mein Argument, dass das Leben doch mehr sei als Arbeit, fanden sie nicht besonders überzeugend.

Aber die Erfahrungen mit dem Thema sind halt vielfältig. Wer sein Leben lang berufstätig war, muss sich ja auch fragen: Was gliedert denn den Alltag, wenn ich ihn zu Hause verbringe? Ich denke an einen Freund, der sein Leben lang gearbeitet hat. Dann wurde die Firma umstrukturiert, der Druck, mit 55 Jahren in den Ruhestand zu gehen, wurde groß. Am Ende hat er zugestimmt. Er sagt: »Die ersten drei Monate erscheinen dir wie ein Urlaub, aber dann musst du dein Leben neu strukturieren, sonst verlotterst du völlig.« Es gab anfangs Tage, da hatte er überhaupt nichts zu tun. Was also anfangen mit der plötzlich freien Zeit? Am Ende hat er sich bei einem Kindertheater engagiert und eine Clownausbildung gemacht. Die Clownauftritte werden immer professioneller, es gibt Flyer, Aufträge, Auftritte. Er ist dabei, eine CD mit Kinderliedern zu produzieren, und hat gelernt, mit fünf Bällen zu jonglieren. Das Leben ist wieder im Lot, aber es will gestaltet werden, wenn der Beruf nicht mehr den Rhythmus vorgibt. Vielleicht fällt Frauen das am Ende leichter, weil für sie immer auch anderes eine größere Rolle spielt als bei Männern: Kinder, Haushalt, Garten, Freundeskreis. Bei Männern steht für ihr Selbstbewusstsein auch heute noch die Selbstbestätigung durch den Broterwerb im Vordergrund.

Ein anderer Grund, warum die Ruhestandsfrage viele so umtreibt, ist deshalb auch die Angst, plötzlich nicht mehr wichtig zu sein. Ein Kollege sagte mir: »Ohne Amt ist man ja irgendwie gar nichts mehr, da wird man für die anderen völlig uninteressant.« Ich halte das für ein falsches Amts- und auch Berufsverständnis. Es ist eine Verantwortung, ein Amt auszufüllen. Es ist ein Geschenk, einen Beruf zu haben, den ich gerne ausübe. Aber die Person ist doch davon immer noch zu unterscheiden. Die ist existent auch ohne Amt und ohne Arbeitsstelle. Die Frage nach der zukünftigen Bedeutung und der neuen Rolle war für mich bei den Menschen, die ich als Bischöfin in den Ruhestand verabschiedet habe, immer sehr präsent: Schon die Ankündigung des Ruhestands lässt sofort die Konkurrenzsituation, die all die Zeit im Raum stand, enden. Du bist nicht mehr wichtig genug. Oder: Auf einmal bist du vom Informationsfluss abgeschnitten, wirst nicht mehr zu Empfängen eingeladen. Es ist deshalb gut, wenn Menschen, die berufstätig sind, sich früh klarmachen, dass der Beruf nicht alles ist. Das Leben ist mehr als Arbeit!

Eine weitere Variante ist die Überzeugung von der eigenen Bedeutung nach dem Motto: Also ich werde wirklich noch gebraucht, das geht noch gar nicht. Ich bin überzeugt, dass jeder Mensch ersetzbar ist. Manche merken nicht, wenn es Zeit wäre, abzutreten. Sie selbst fühlen sich noch unsagbar kompetent, aber im Hintergrund stöhnen die Nachfolger: Wann endlich geht er? Da fühlt sich ein Bundestagsabgeordneter noch mit 72 unersetzbar und lässt sich wieder für die Wahl aufstellen. Er sollte längst Platz machen für die jüngere Generation, finde ich, damit sie ihre Erfahrungen sammeln kann. Wenn dann Rat gefragt ist, gern, aber sich damit nicht aufdrängen, das sollte die Devise sein. Da übergibt ein alternder Patriarch den Betrieb nicht an die nächste Generation und verhindert damit auch die Innovation, die notwendig wäre, etwa mit Blick auf Digitalisierung. Die Jüngeren müssen stillhalten, schlucken, und er hat ein inneres Vergnügen an seiner Macht. Klug allerdings ist das nicht. Bei Queen Elisabeth von England lächeln viele über die geradezu niedliche alte Königin. Dass ihr Sohn Charles aber inzwischen auch alt ist und ewig Prinz bleiben wird, ist eine andauernde Demütigung, denke ich. Der Enkel soll es offenbar richten, aber auch das ist ja eine schwere Belastung. Klugheit heißt eben auch, zur rechten Zeit loslassen zu können.

Allerdings hat mir kürzlich ein Firmenchef klargemacht, dass es auch eine ganz andere Variante gibt. Beide Söhne sind beruflich völlig andere Wege gegangen. Der Betrieb floriert eigentlich, aber er findet keinen Nachfolger. Er fühlt eine Verantwortung gegenüber den Mitarbeitenden, er hat das Gefühl, er kann nicht einfach gehen, obwohl er seinen Lebensabend gern genießen würde. Was soll er tun? Er fördert den Nachwuchs, hat Flüchtlinge in die Ausbildung aufgenommen, aber wenn jemand den Betrieb übernehmen will, ist auch viel gefordert. Ein Dilemma!

Ich hatte beruflich gesehen sehr unterschiedliche Vorgänger. Einer war so verärgert über meine Wahl, dass er überhaupt nicht mit mir kommunizierte. Ich saß an meinem ersten Arbeitstag an einem leeren Schreibtisch in einem leeren Büro und habe überlegt, welche Aufgaben wohl anstehen. Ihn konnte ich nicht fragen, aber seine Sekretärin, die jetzt meine war, hat sich großartig verhalten. Sie hat mir über alle Unsicherheiten hinweggeholfen und mich eingearbeitet. Eine Geschichte werde ich nie vergessen: Mir wurde erklärt, ich bräuchte ein Kürzel – zum Abzeichnen von Akten im Umlauf und Ähnlichem. Also sagte ich: Gut, »Kä«, das passt doch. Katharina Ehrhardt sagte ganz vorsichtig, dass sie das unpassend fände und überzeugte mich, »MK« als Kürzel zu wählen. Das wurde später für mich fast eine Art Markenzeichen.[24] Und mit großem Vergnügen habe ich einmal eine Handtasche mit dickem »MK« gekauft, auch wenn das eigentlich für *Michael Kors* steht. Wann immer Leute erklären, Frauen würden nicht gut zusammenarbeiten, da gäbe es ständig Zickenkrieg, halte ich dagegen. Ich habe Männer erlebt, die sich beruflich bis aufs Messer und mit allen Mitteln bekämpft haben. Und ich habe Frauen erlebt, die ungeheuer solidarisch waren. Da spielt das Geschlecht nach meiner Erfahrung keine Rolle, sondern die Persönlichkeit ist entscheidend.

Als Friederike von Kirchbach meine Nachfolgerin als Generalsekretärin des Kirchentages wurde, haben wir eine gute Form gefunden, den Übergang zu gestalten. Sie hat mir klar gesagt, wann meine Anwesenheit als Vorgängerin für sie belastend ist und wann hilfreich. Das war klar, freundschaftlich und kollegial; wir sind bis heute befreundet.

Einer meiner Vorgänger meinte hingegen ständig deutlich machen zu müssen, wie er die Dinge geregelt hätte – und dass ich es einfach falsch mache. Das war anstrengend. Im Grunde meinte er, es wäre besser, wenn er selbst noch im Amt wäre, denke ich. Wer in den Ruhestand geht, sollte loslassen und damit auch freier werden. Die Band Silbermond hat das in ihrem Lied »Es reist sich besser mit leichtem Gepäck« trefflich ausgedrückt. Das Lied beschreibt, wie viel leichter es sich ohne all den Ballast lebt, den wir im Laufe un-

---

24 Vgl. Petra Bahr: Der die das MK, in: Zivilcourage und Zuversicht, hg. v. Gabriele Hartlieb, Hamburg 2018, S. 21 ff.

seres Lebens anhäufen. Wir brauchen in Wirklichkeit sehr wenig zum Leben.

Das entspricht meinem Lebensgefühl. Aus Anlass meines 60. Geburtstages habe ich alle Ehrenämter, Herausgeberfunktionen und Mitgliedschaften im kirchlichen Bereich aufgegeben und klar gesagt: Ein halbes Jahr werde ich überhaupt keine öffentlichen Termine annehmen, nichts Offizielles tun. Es ist wichtig, einen klaren Schnitt zu machen, finde ich, um selbst Abstand zu gewinnen und auch »die Neuen« im jeweils eigenen Stil die Aufgaben wahrnehmen zu lassen. Wenn Vorgängerinnen und Vorgänger, oder sagen wir schlicht »die Alten«, bereitstehen, wenn sie um Rat gefragt werden, ist das wunderbar. Wenn sie im Weg stehen, weil sie sich immer noch einmischen, ist das eine Belastung. Ich werde deshalb ausschließlich Mitgliedschaften in Stiftungen oder Vereinen beibehalten, die nicht kirchlich sind, etwa in der Freya-von-Moltke Stiftung, der Deutsche Stiftung Weltbevölkerung oder der Deutschen Friedensgesellschaft. Da bin ich nicht amtlich, sondern persönlich engagiert. Kolumnen etwa in der *Bild am Sonntag,* Beiträge oder Bücher kann und will ich immer noch schreiben. Wie lange? Mal schauen! Ich bin da sehr gelassen.

Für Pfarrerinnen und Pfarrer galt lange die Regel, nicht dort im Ruhestand zu wohnen, wo die letzte Pfarrstelle ausgefüllt wurde. Ich finde das richtig, weil der neue Kollege, die neue Kollegin sonst immer mit dem Vorgänger oder der Vorgängerin konfrontiert sind. Ich habe erlebt, wie Gemeinden daran zerbrachen. Da gab es einen Konflikt mit dem aktuellen Pfarrer, und der Vorgänger wurde gepriesen, anschließend befragt – und er mischte sich prompt ein. Gleichzeitig ist aber klar, dass jemand, wenn er oder sie 20 Jahre an einem Ort gelebt hat, dort die sozialen Kontakte hat, die ja auch im Alter wichtig sind. Immer öfter bleiben daher Kolleginnen und Kollegen am Ort ihres letzten Dienstauftrages. Das kann aber nur gut gehen, wenn sie sich aus der Amtsführung ihres Nachfolgers oder ihrer Nachfolgerin heraushalten.

Nach meinem Rücktritt als Landesbischöfin in Hannover bin ich bewusst nach Berlin gezogen. Das »große Gepäck«, von dem Silbermond singt, habe ich damals schon zurückgelassen. Von zwei Dritteln meiner Bücher musste ich mich verabschieden, ich habe einen großen Keller leer geräumt, der voller Dinge war, die eine Familie ansammelt: Schlitten, Puppenwagen, Reisetaschen. Manches habe ich hin und her gewendet: Lasse ich das wirklich zurück? Es war ein Abschied von vielen vertrauten Dingen, die ich aber seitdem erstaunlicherweise wirklich nicht vermisst habe. Glücklicherweise hatte ich die Weitsicht, vier Kartons mit Kindersachen zu behalten: einen mit Playmobil, einen mit Lego, einen mit Puppen, einen mit Bilderbüchern. Es ist eine große Freude, sie jetzt mit den Enkeln wieder auszupacken. Und auch meine Töchter strahlen, wenn sie ein altes, vertrautes Bilderbuch erkennen. Meine Schwester hat beim Geburtstagsfest im Haus auf Usedom sogar einen Puppenmantel wiederentdeckt, den unsere Großmutter einmal genäht hat. Also: Leichtes Gepäck ist sinnvoll, aber ein paar Erinnerungsstücke erwärmen das Herz.

Zwei meiner Töchter wohnten damals in Berlin, die Anonymität dieser Stadt tat mir zu der Zeit gut. Später war es für die vielen Reisen in die Lutherstadt Wittenberg hilfreich, in Berlin zu wohnen. Als der Ruhestand näherrückte, habe ich überlegt, ob ich in Berlin alt werden möchte, und ich habe gespürt, dass mir nicht wirklich wohl war bei dem Gedanken, so gern ich acht Jahre in der Hauptstadt gelebt habe. Zwei meiner Töchter mit ihren Familien und drei Enkeln wohnen in Hannover, dort habe ich Freundinnen, Bekannte, ein soziales Netzwerk. Es ist eine sehr lebenswerte Stadt, auch wenn viele das nicht verstehen. Aber selbst die *FAZ* hat das ja vor Kurzem festgestellt: »Das Lebensgefühl ist von großer Entspanntheit geprägt. Hannover ist grün, Hannover hat Platz, und die Temperaturen sind sommers wie winters ebenso gemäßigt wie das Temperament der Bewohner. Jüngst ergab eine Studie, dass Hannover sogar die drittentspannteste Stadt der Welt sein soll.«[25] Der Autor Reinhard Bingener lebt seit einiger Zeit in der Stadt und scheint selbst überrascht, wie angenehm das Leben dort ist.

Auf jeden Fall zog es mich dann doch nach Hannover, und ich bin von Berlin noch einmal umgezogen. Es war der 16. Umzug in meinem Leben, und ich bin entschlossen, jetzt höchstens noch einmal, in ein Altenheim oder ein Hospiz, umzuziehen. Insgesamt war

---

25 Reinhard Bingener: Eine Stadt macht sich locker, FAZ, 24. März 2018.

dieser (vor-)letzte Umzug aber wesentlich einfacher als der acht Jahre zuvor nach Berlin. Ich musste nichts aussortieren, sondern einfach nur alles mitnehmen, was sich in meiner Wohnung befand. So werde ich mein Leben im Alter also zwischen der niedersächsischen Hauptstadt und Usedom verbringen – in welchem Rhythmus, das weiß ich noch nicht, das lasse ich schlicht auf mich zukommen, eine große Freiheit!

Nach meiner Familie war der Erste, den ich in meine Pläne eingeweiht habe, mein Nachfolger, der Landesbischof von Hannover. Mir war das wichtig, ich habe auch klar gesagt, dass ich mich in nichts einmischen werde, was sein Amt oder die Kirche dort betrifft. Landesbischof Ralf Meister ist dabei wirklich tiefenentspannt, das macht das Miteinander leicht. Er hat spontan gesagt, dass er das die absolut richtige Entscheidung findet. Mich entlastet das lockere Verhältnis zu ihm. Dass wir inhaltlich auf derselben Linie argumentieren, macht es zudem leicht. Als ich am 30. Juni 2018 in den Ruhestand verabschiedet wurde, hat er eine sehr feinfühlige, ja feinsinnige Ansprache als Würdigung gehalten. Das hat mir selbst, aber auch vielen anderen imponiert. Ein solcher Nachfolger zeigt Souveränität!

Wie wir im Alter wohnen wollen, ist auch eine Frage, die rechtzeitig zu bedenken ist. Bei vielen Gesprächen erlebe ich, dass das Thema im Hinterkopf präsent ist, viele es aber nicht so recht angehen möchten. Eine Freundin hat vor einiger Zeit mehrere Bekannte und Freundinnen eingeladen, gemeinsam zu überlegen: Wie wollen wir auf dem Land leben, wenn wir alt sind? Das fand ich eine wirklich gute Idee. Und es wurde an diesem Abend intensiv beraten: Was bedeutet es, dass die Nahverkehrsanbindungen so schlecht sind? Ließe sich eine App generieren, mit der Mitfahrgelegenheiten angezeigt werden? Oder: Gründen wir eine Alten-WG? Noch keine Generation vor uns hat wohl ernsthaft darüber nachgedacht. Als ich jung war, hatten Wohngemeinschaften so einen Hauch von: nicht ganz seriös. Sie haben sich aber als gute Möglichkeit erwiesen, private Räume und Gemeinschaft zu verbinden. Warum also nicht auch im Alter? An diesem Abend habe ich auch das erste Mal von dem Modell »together apart« gehört. Paare, die im Alter einen eigenen Bereich haben möchten, aber nahe beieinander leben wollen, zum Beispiel in zwei nebeneinanderliegenden Wohnungen. Es ist gut, wenn wir beim Altwerden gemeinsam darüber nachdenken, wie es später sein soll, weil es entlastet, die Wünsche auszusprechen. Viel zu oft gibt es Erwartungen an die jüngere Generation: Die sollen uns besuchen, die sollen uns pflegen. Zum einen muss über solche Erwartungen offen gesprochen werden. Zum anderen sollten wir Älteren ein Leben im Alter planen, das nicht auf die Jüngeren angewiesen ist und diese auch nicht belastet. Ich möchte nicht, dass meine Kinder mich eines Tages pflegen. Sie haben genug zu tun mit Beruf und Familie. Aber ich möchte so gepflegt werden, zu Hause oder in einem Heim, dass meine Würde nicht auf der Strecke bleibt. Dazu ist übrigens auch eine angemessene Bezahlung der Pflegekräfte notwendig, da wird das Private wieder politisch.

Als ich bei einem Massagetermin wegen Nackenverspannung über dieses im Werden befindliche Buch sprach, sagte die Physiotherapeutin: Finden Sie nicht auch, dass es furchtbar viele fordernde und grantige alte Leute gibt? Diesen Aspekt hatte ich bislang wirklich noch nicht bedacht! Aber wahrscheinlich hat sie recht und spricht zudem aus eigener Erfahrung. Es gibt nicht nur Alte, die das Leben schätzen, genießen, feiern, sondern solche, die verbittert sind, die jüngere Generation mit ihren Forderungen und Launen belasten. Warum sind sie so grantig? Weil sie meinen, etwas verpasst zu haben im Leben? Weil sie die jungen Leute um ihre Jugend beneiden? Das höre ich auch von Jüngeren, die Forderungen der Alten belasten sie. Da sind so viele Erwartungen, Besuche sollen sein, Aufmerksamkeit, Telefonate, aber sie haben genug mit sich selbst zu tun. Es geht auch hier wieder ums Loslassen!

Andererseits macht es auch Sinn, die gewonnene Erfahrung und Vernetzung weiterzugeben und für eine Sache oder andere Personen zu nutzen. Es kommt auf die Tonalität an: Etwas anzubieten ist etwas anderes, als etwas aufzudrängen.

Wenn momentan viele Menschen in den Ruhestand gehen, die dank unserer guten medizinischen Versorgung und erhöhten Lebenserwartung noch fit sind, müssen wir auch festhalten: Diese Generation wird gebraucht! Zivilgesellschaftliches Engagement, Ehrenamt sind der Kitt, auf den unsere Gesellschaft heute angewiesen ist. Da können Menschen Sinn und Zufriedenheit finden. Und Aufgaben gibt es genug! Ich denke an die Großeltern, die ehrenamtlich Alleinerziehende unterstützen, an Lesepaten für Kinder, die es schwer haben in der Schule, an ein Hallenbad, das nur durch ehrenamtliches Engagement offen gehalten werden kann. Oder denken wir an all die Sportvereine, die freiwillige Feuerwehr, die Flüchtlingshilfe! Da können Menschen ihre Erfahrungen einbringen. Niemals wird der Staat all das leisten können, was wir brauchen, um in unserem Land den sozialen Frieden aufrechtzuerhalten.

Mir ist das immer wieder besonders klar mit Blick auf Kindererziehung und Pflege, den beiden Eckpunkten des Lebens, an denen besonders viel Unterstützung notwendig ist. Sicher, die Kita-Angebote sind inzwischen ausgebaut, es gibt mehr und bessere Angebote für unter Dreijährige. Aber ich sehe an meinen Töchtern, wie schwer es immer wieder ist, einen passenden Platz zu ergattern. Mal liegt die Kita viel zu weit entfernt, mal ist das Kind nicht im richtigen Alter, um dort aufgenommen zu werden. Wenn es das richtige Alter erreicht hat, fehlt dann vielleicht wieder der Platz, und alles ist auf Sicht belegt. Und selbst mit einem Kita-Platz gibt es die Unwägbarkeiten des Alltags mit Kindern. Da sind nicht nur die eigenen Großeltern gefragt, sondern eben auch andere Ehrenamtliche, die einspringen können. Es gibt inzwischen Börsen für ehrenamtliche Großeltern, die gerade Alleinerziehenden eine riesige Unterstützung sein können. Wie schön ist es, Kinder zu betreuen, wenn ich keine eigenen Enkel habe oder diese weit entfernt leben. Zudem gibt es Lesepaten zum Lesenlernen, was gerade für Kinder, die nicht aus einer privilegierten Familiensituation kommen, eine entscheidende Förderung sein kann. Wenn ich sehe, wie selbstverständlich meine Enkel so viele Bilderbücher besitzen, bin ich manchmal fast irritiert. Es gibt viele Kinder, die haben kein einziges. Als ich meiner Enkeltochter erzählte, dass ein Freund von mir als Kind überhaupt kein Bilderbuch besaß, sagte sie fassungslos: »Dann geb ich ihm eins von meinen …«

Ehrenamtliches Engagement wird also bei Kindern besonders gebraucht, aber auch im Alter. Niemals wird eine Pflegeversicherung angemessene Pflege, die der Würde der Patienten, aber auch der Würde der Pflegekräfte entspricht, ermöglichen. Das ist in der ambulanten wie in der stationären Pflege so. Wie gut, wenn andere da sind, die ehrenamtlich vorbeikommen, Zeit mitbringen, Einkäufe erledigen, jemanden begleiten, tröstend eine Hand halten. Ich denke beispielsweise an den ambulanten Hospizdienst. Pflegekräfte, gerade diejenigen, die im ambulanten Dienst tätig sind, stehen unter ungeheurem Druck. Ich denke oft an sie, wenn ich wieder ein kleines Auto eines Pflegedienstes sehe, das sich mit Mühe einen Parkplatz erkämpft hat. Die Frau (es sind in der Regel Frauen!) hetzt von Patient zu Patientin, muss waschen und versorgen und erlebt dabei ständig, dass es natürlich nicht genug ist, was sie tut. Dass es mehr Zeit bräuchte, um den Menschen, die gepflegt werden müssen, gerecht zu werden. Gut, wenn es viele recht agile Alte gibt, die sich in unserem Land engagieren. Allein die Kirchengemeinden könnten ohne ehrenamtliches Engagement gar nicht leisten, was sie zum Teil seit Jahrzehnten an Hilfestellungen für benachteiligte und bedürftige Menschen anbieten.

»Du wirst dich nähren von deiner Hände Arbeit; wohl dir, du hast's gut«, heißt es in Psalm 128,2. Es ist wunderbar, wenn Menschen arbeiten können, Arbeit haben. Arbeitslosigkeit kann deprimierend sein, viele leiden darunter, weil sie sich überflüssig fühlen, wenn sie kein Geld durch eigene Leistung verdienen. Die Bibel schätzt es daher, dass der Mensch etwas leisten kann. Er ist dabei aber nicht der »Macher« des eigenen Lebens, sondern darf dafür dankbar sein, dass er etwas leisten kann. Das ist eine völlig andere Lebenshaltung, als sie manche Konzernchefs oder Großverdiener an den Tag legen.

Mir kommt dabei immer wieder die Geschichte vom reichen Kornbauern in den Sinn. Ein Gleichnis, das Jesus erzählt und mit dem er vor Habgier warnen will: »Es war ein reicher Mensch, dessen Land hatte gut getragen. Und er dachte bei sich selbst und sprach: Was soll ich tun? Ich habe nichts, wohin ich meine Früchte sammle. Und er sprach: Das will ich tun: Ich will meine Scheunen abbrechen und größere bauen und will darin sammeln all mein Korn und meine Güter und will sagen zu meiner Seele: Liebe Seele, du hast einen großen Vorrat für viele Jahre: habe nun Ruhe, iss und trink und habe guten Mut! Aber Gott sprach zu ihm: Du Narr! Diese Nacht wird man deine Seele von dir fordern. Und wem wird dann gehören, was du bereitet hast? So geht es dem, der sich Schätze sammelt und ist nicht reich bei Gott.« (Lk 12, 16–21)

Im Grunde ist mit dieser Geschichte alles gesagt. Sie muss nicht groß übersetzt werden in unsere Zeit. Und sie fasziniert mich immer wieder. Denn der Kornbauer folgt in der 2000 Jahre alten Geschichte ja den aktuellen Gesetzen des Marktes: Expansion, Wachstum, Erfolg, das ist wesentlich. Erfolg baut auf Erfolg auf. Und er meint, damit seinen Lebenssinn gefunden zu haben. So treten auch die Erfolgsmenschen unserer Zeit auf. Immer muss es mehr sein – »da geht noch was« –, es gibt keine »Ethik des Genug«. Aber ich denke oft, an dieser Fassade darf bloß niemand kratzen, denn sonst zerbröckelt all das immense Selbstbewusstsein, das an Erfolg hängt, im Handumdrehen.

Sehr anrührend war für mich eine Begegnung mit dem ehemaligen Stabhochspringer Tim Lobinger. In der bereits erwähnten Sendung »Markus Lanz« erzählte er eindrücklich, wie unverletzbar er sich lange Zeit gefühlt hatte, wie gesund, wie leistungsstark. Und dann kam die Diagnose: eine aggressive Form der Leukämie. Schnell fand er sich in einem Krankenhaus wieder, wo ihm die schlimme Nachricht überbracht wurde. Es schien ihm, als würde man ihm von einem Moment auf den anderen den Boden unter den Füßen wegziehen. Monatelang musste er im Krankenhaus bleiben, eine Chemotherapie machen, dann eine zweite – und noch eine … Irgendwann kam die entlastende Botschaft, die Blutergebnisse zeigten, dass er geheilt zu sein schien.

Er machte sich Hoffnung auf eine endgültige und dauerhafte Genesung und bekam dann eine zweite Diagnose: Der Krebs war zurückgekommen. Es war anrührend, wie diesem erfolgreichen Mann vor der Kamera die Tränen kamen. Es zeigte schlicht: Hier hatte jemand mit seiner eigenen Verletzbarkeit überhaupt nicht gerechnet. Tim Lobinger sagte selbst über sich, er sei wohl lange Zeit ziemlich arrogant gewesen. Jetzt sähe er das Leben mit anderen Augen.

Ich habe ihm gesagt, dass er in all dem nicht allein sei. Oft ist es das Lebensgefühl junger Männer, sich unverwundbar zu fühlen. Selbst verurteilen muss man sich deshalb nicht. Ein Arzt hatte Tim Lobinger nach der zweiten Diagnose gesagt: »Jetzt müssen wir beten« – es schien, als hätte ihn das sehr nachdenklich gemacht. Es wurde klar: Hier hat das alles niemand mehr in der Hand, auch die medizinischen Spezialisten, die sich reichlich Mühe geben, nicht. Wie gut, wenn uns da unser Glaube sagt: »Du kannst nicht tiefer fallen als in Gottes Hand.«

Für Martin Luther und die anderen Reformatoren hatte die Arbeit durchaus einen hohen Stellenwert. Jeder Mensch, so Luther, hat einen Beruf, weil jeder eine Berufung hat, eine Gabe, also eine Begabung. Und die ist auch Verpflichtung, sie zu nutzen. Luther schreibt: »Dieses Leben ist so beschaffen, dass man nicht müßig stehen soll, sondern fortschreiten, nämlich etwas schaffen soll im Haus oder im Staat …«[26]

---

26 Zitiert nach Margot Käßmann (Hg.): Schlag nach bei Luther, Frankfurt 2012, S. 167.

Aber niemals ist es für Luther die Leistung, die den Menschen ausmacht oder gar das Leben eines Menschen vor Gott rechtfertigt. Luthers Frage nach dem gnädigen Gott verstehen viele Menschen auf Anhieb heute nicht. Aber die Frage, ob ihr Leben Sinn macht, treibt sie um. Was, wenn ich nicht mithalten kann, weil ich keinen Arbeitsplatz habe, nicht genug verdiene, nicht gut genug aussehe? Die Lebenszusage, die Luther gefunden hat, lautet: Gott hat dir schon lange Sinn zugesagt, ganz gleich, was du leisten kannst.

Er entdeckte, dass es nicht die menschliche Leistung ist, die vor Gott einen Anspruch auf Heil mit sich bringt. Vielmehr ist es Gottes Zuwendung aus Gnade. Was das bedeutet, können wir noch heute mit der Redewendung »Gnade vor Recht« verstehen. Ein Mensch, der nach Recht und Gesetz zu verurteilen ist, darf doch auf Gnade oder auch Begnadigung hoffen. Das verstehen wir auch heute sehr wohl. Für Martin Luther war die entscheidende Erkenntnis, dass durch Jesus Christus diese Gnade allen, die an ihn glauben, zugänglich wird. Gerade wenn der Mensch begreift, dass er selbst nicht in der Lage ist, ein vollkommenes Leben nach den Geboten Gottes zu führen, kann er ganz auf Jesus Christus vertrauen. Das bedeutet, auch dort, wo Recht und Gesetz verurteilen, was der Mensch tut oder nicht tut, redet und denkt, hat Gott andere Maßstäbe. Gott verurteilt den Betroffenen nicht nach den gleichen Gesetzen. Diese Erfahrung nennt Luther Rechtfertigung allein aus Glauben. Ein solcher Mensch, der Gottes Gnade erfährt, ist für ihn ein Gerechtfertigter. Das alles ist eine Erfahrung der Freiheit. Der Befreiung aus der Angst. In Luthers Zeit war es die Angst vor Hölle und Verdammnis, in unserer Zeit wohl eher die Befreiung aus der Angst, keine Bedeutung zu haben, wenn ich nicht mithalten kann in der Erfolgs- und Leistungsgesellschaft.

Was kann das für uns heute bedeuten, sind wir doch kaum von Ängsten vor der Hölle geplagt, es sei denn, es wäre die Hölle auf Erden? Vielleicht können wir uns mit drei in unserer Zeit gebräuchlichen Begriffen Luthers Rechtfertigungslehre annähern:

Ein erster Begriff ist **Liebe.** Viele Menschen dürfen erleben, was es bedeutet, geliebt zu werden. Eine wunderbare Erfahrung. Jemand liebt dich, trotz deiner Schwächen, obwohl du Fehler machst. Eine junge Frau sagte kürzlich strahlend: »Dass er mich überhaupt ansieht, hätte ich niemals erwartet.« Dieses Strahlen des Geliebtseins, scheinbar grundlos, aber doch zuverlässig, vertrauensvoll, bringt jedem, der es sieht, ein Lächeln ins Gesicht. So ist Liebe! Wir verstehen es nicht, aber sie trägt uns, macht uns glücklich.

Ganz ähnlich erfährt das ja auch ein Kind. Der Schriftsteller Thomas Brussig sagte, überwältigt von der Erfahrung der Gefühle für seinen kleinen Sohn, er liebe ihn so sehr, dass er ihn auch lieben könnte, wenn er ein Schwerverbrecher werden würde. In genau diesem Sinne bezeichnen sich Christinnen und Christen oft als »Kinder Gottes«. Wie die Liebe der Mutter oder des Vaters auch Tiefpunkte der Beziehung oder des Fehlverhaltens überdauert, so bleibt Gottes Liebe zu uns bestehen. Wenn wir uns vorstellen, dass Gott uns so sehr liebt, dass Gott uns überhaupt ansieht, obwohl wir so viele Schwächen und Fehler haben, löst das mehr als ein Lächeln aus. Es führt zu Lebensfreude, Glück und einer Haltung der Dankbarkeit. Wir wollen Gott dafür ein Loblied singen, die Freude mit anderen teilen – deshalb feiern wir miteinander Gottesdienst. Eine überwältigende Erfahrung von Liebe kann dein Leben verändern. Du siehst dich und dein Leben plötzlich in einem ganz neuen Licht. Das Leben macht Sinn, weil dir diese Liebe zugesagt ist.

Ein zweiter Begriff, der Luthers Erfahrung übersetzen kann, ist **Anerkennung.** Gott erkennt den Menschen an, unabhängig von seiner Leistung. Wie wichtig Anerkennung im Leben ist, erfährt jeder Mensch. Von anderen respektiert zu werden ist uns ein tiefes Bedürfnis. »Respekt« ist auch in der Jugendkultur ein gewichtiger Begriff. Anerkannt zu sein, obwohl ich für diese Anerkennung nichts getan habe und sie unverdient erhalte, ist eine zwischenmenschlich seltene Erfahrung. Wo das geschieht, entsteht eine tiefe Beziehung. Erfährt der Mensch Anerkennung durch Gott, kann das zu einer überwältigenden Erkenntnis führen: Ich bin etwas wert. Einfach so. Geschenkt. Theologisch gesprochen: aus Gnade. »Weil Gott dich ansieht, bist du eine angesehene Person« – mit diesem Bild wird das heute gern beschrieben. Die Antwort des Menschen darauf ist, dass er sich Gott anvertraut – glaubt.

Ein dritter Versuch der Beschreibung geht mit dem Begriff **Würdigung** einher. »Niemand würdigt, was ich leiste!«, das ist leider für viele eine alltägliche Erfahrung. Und dann denke ich an den Satz: »In Würdigung seiner Verdienste verleihen wir ihm ...« Das macht etwas mit uns, wenn so über uns gesprochen wird, dass uns von anderen Respekt zugesprochen wird. Unter Menschen wird Würdigung wohl nie ohne eine Vorleistung erfolgen. Wenn Gott aber den Menschen würdigt, einfach so, völlig unverdient, dann zeigt das Gottes Haltung zu ihm. Solche Würdigung führt zu unantastbarer Würde, von der auch unsere Verfassung spricht: »Die Würde des Menschen ist unantastbar.«

Die Erfahrung lehrt, dass Würde leider immer wieder angetastet wird: durch Gewalt, Zurücksetzung, Enttäuschung, Benachteiligung, Ungerechtigkeit. Gottes Zusage dagegen ist unverbrüchlich, weil sie aus Freiheit erfolgt und Freiheit erzeugt.

Allen drei Annäherungen an Luthers Rechtfertigungslehre ist eines gemeinsam: Der Mensch wird nicht bemessen nach dem, was er nach außen hin darstellt oder wie er persönlich dasteht, sondern er ist von Gott geliebt, anerkannt, gewürdigt. Und dies alles ganz unabhängig von Bildungsstand, Einkommen und Ansehen. Die Zuwendung Gottes ist nicht abhängig von dem, was der Mensch tut oder denkt. Das hat Martin Luther als so befreiend empfunden. Und solche Befreiungserfahrungen können wir auch heute nachvollziehen, gerade in einer Gesellschaft, die Menschen nach ihrer Leistung beurteilt. Vor Gott zählt nicht, was andere sehen, die Person ist entscheidend, nicht das, was sie kann oder nicht kann.

In einer ökonomisch ausgerichteten Welt lässt sich die befreiende Erfahrung Luthers so beschreiben: Das Lebenskonto des Menschen ist vor Gott in den schwarzen Zahlen. Nichts, was der Mensch tut, denkt oder beabsichtigt, kann es in die roten Zahlen bringen. Mit der Taufe befindet sich der Mensch als Kind Gottes in einem Segenskreis und kann gar nicht mehr herausfallen. Die Antwort des Menschen auf diese befreiende Erfahrung ist der Glaube.

All diese Überlegungen stehen für mich geradezu im Widerspruch zu unserer Zeit, die derart auf Arbeit, Leistung und Erfolg hin orientiert und optimiert ist.

Und es ist so befreiend, zu wissen: Als Christinnen und Christen müssen wir keine Angst haben, wenn wir alt werden und weniger oder nichts mehr leisten können. Unser Lebenssinn entsteht nicht durch Arbeit, sondern er ist uns zugesagt. Das bedeutet nicht, dass ich nicht arbeiten sollte, wenn ich kann, sondern dass ich den Stellenwert von Arbeit und Leistung im Angesicht göttlicher Maßstäbe, die ganz anders sind als die unsrigen, richtig einordne.

Martin Luther beschreibt das schön – und wie ich finde bis heute verständlich – mit Blick auf das Wort Jesu, in dem es heißt, wir sollten nicht besorgt sein, was wir essen, trinken und wie wir uns kleiden werden (Mt 6,31). Er schreibt: »Nun sagen etliche: Ja, verlass Dich drauf, sorge nicht und sieh, ob Dir ein gebratenes Huhn ins Maul fliegt. Ich sage nicht, dass niemand arbeiten und Nahrung suchen soll, sondern er soll nicht sorgen, nicht geizig sein, nicht verzagen, ob er genug haben werde. Denn wir sind in Adam alle zur Arbeit verurteilt, da Gott sagt: ›Im Schweiß Deines Angesichts sollst Du essen Dein Brot.‹ Und im Hiobbuch steht: ›Wie der Vogel zum Fliegen so ist auch der Mensch geboren zur Arbeit.‹ Nun fliegen die Vögel ohne Sorge und Geiz, ebenso sollen auch wir arbeiten ohne Sorge und Geiz. Wenn du aber sorgst und geizig bist, damit dir das gebratene Huhn ins Maul fliege, dann sorge und sei geizig und sieh zu, ob Du Gottes Gebot erfüllen und selig werden wirst.«[27]

Es geht also um die rechte Einordnung der Erwerbsarbeit. Jeder und jede wird im Alter die jeweils richtige Form finden müssen, damit abzuschließen, so wie es individuell guttut und möglich ist. Es geht aber auch darum, was anderen guttut, wie ich meine Erfahrungen einbringen kann in die Gesellschaft. Kommt beides in eine Balance, dann wird der Ruhestand eine wunderbare Zeit!

---

27 Schlag nach bei Luther, a.a.O., S. 166.

6. Enkelglück

Als ich junge Pastorin war, sagte mir beim Trauergespräch der Sohn des Verstorbenen: Das »Nunc dimittis« hätte mein Vater sicher gern gehört bei seiner Beerdigung. Ich wollte mir keine Blöße geben – aber ich wusste echt nicht, wovon er sprach! Wikipedia gab es noch nicht, und so habe ich nachgeschlagen im Lexikon. Nunc dimittis – so beginnt das Lied des alten Simeon im Lukasevangelium in der lateinischen Übersetzung. »Herr, nun lässt du deinen Diener in Frieden fahren, wie du gesagt hast; denn meine Augen haben deinen Heiland gesehen ...« (Lk 2, 29 f.). Dieses Lied ist eines der drei großen Loblieder Gottes am Beginn des Lukasevangeliums. Dort singt auch Maria ihr berühmtes Magnifikat und Zacharias sein Benedictus. Singend wird die Geburt des Heilandes sozusagen vom Evangelisten gleich ins rechte Licht gesetzt.

Mit Zacharias singt ein alter Mann Gott ein Loblied, weil er einen Säugling in den Armen hält, der zur Beschneidung von den Eltern in den Tempel gebracht wurde. Eine anrührende Geschichte. Ich kann sie gut nachvollziehen, auch rund 2000 Jahre später. Als ich mein erstes Enkelkind im Arm hielt, dachte ich: »Jetzt ist der Lebenskreis rund. Das eine Leben geht zur Neige, das nächste beginnt.« Wer mit Gottvertrauen sieht, wie eine neue Generation nachwächst, kann das Leben vielleicht eher loslassen, weil er die Wiederkehr von Heranwachsen und Altwerden erlebt.

Dabei ist Jesus noch nicht einmal der Enkel von Simeon. Und auch das ist ein gutes Signal. Du musst nicht selbst Kinder und Enkel haben, um dieses Glück zu teilen. Manche Menschen sehen nur in den eigenen Kindern Lebenssinn. Aber es geht auch um eine ganze Gesellschaft, die dankbar sein kann, wenn Kinder geboren werden, sich freut über neues Leben. Viele Menschen hätten selbst gern Kinder, können aber keine haben. Doch wie Simeon können sie mit Freude sehen, dass eine neue Generation heranwächst, der Kreislauf des Lebens weitergeht.

Und Simeon sieht ja noch mehr in Jesus als ein Kind, durch das Leben weitergegeben wird. Er singt, seine Augen haben »den Herrn« gesehen. Auf den Messias, den Retter Israels hat er gewartet, um in Frieden sterben zu können. Die Hoffnung auf Erlösung, die Sehnsucht nach Sinn und sicher auch die Frage nach der Rettung Israels haben ihn belastet. Jetzt sieht er sich von diesen Sorgen befreit. Mit diesem Kind kann alles gut werden, das spürt er. Lukas will damit klarmachen, dass Jesus von Anfang an besonders war. Dass er der Heiland für alle Welt werden sollte. Die Eltern des Kindes, Josef und Maria, wundern sich über das, was Simeon in ihrem Kind sieht. Es ist für sie nicht erkennbar, obwohl es bei Lukas doch heißt, Maria habe all die Worte im Herzen bewegt, die die Hirten von diesem Kinde sagten …

Inzwischen sind drei meiner Töchter selbst Mütter, sechs Enkelkinder bereichern meine Familie. Damit ändert sich auch das Verhältnis zu meinen Töchtern. Sie sehen sich mit Anforderungen konfrontiert, die ich früher selbst erlebt habe, und verändern ihre Perspektive. Es wird klarer, dass es manchmal gar nicht so leicht ist, in Sachen Erziehung die richtigen Entscheidungen zu treffen. Wie jede jüngere Generation wollen sie alles besser machen, erfahren aber auch die Grenzen. Mich beruhigt das manchmal, weil ich denke: Es gibt keine perfekte Mutter und keine perfekte Erziehung. Das ist auch entlastend. Und dann sehe ich natürlich, wie anstrengend es ist, junge Mutter zu sein. Überwältigt zu sein von den Muttergefühlen und Schutzinstinkten und das mit der eigenen Berufstätigkeit zu organisieren, die auch ihren Wert hat. Jede macht es, so gut sie kann, das ist für mich eine tiefe Überzeugung. Wir müssen weg von all den Wertungen, Vorgaben, Regeln. Jede Frau, jedes Paar sollte die Freiheit und Unterstützung haben, um als Eltern den für sie richtigen, einen passenden, einen angemessenen Weg zu finden.

Mein Eindruck ist, dass die jungen Frauen heute auf andere Weise belastet sind als meine Generation. Ich musste mich damals ständig rechtfertigen, weil ich trotz vier Kindern berufstätig war. Heute wird allgemein erwartet, dass Muttersein und Berufstätigkeit selbstverständlich und absolut locker, ohne Probleme miteinander koordiniert werden können. Aber so einfach ist das nicht. Monate mit akutem Schlafmangel setzen jedem Menschen zu. Schlafentzug gilt nicht umsonst als Foltermethode. Wie soll eine junge Frau nach durchwachter Nacht mit einem zahnenden Kleinkind am nächsten Morgen topfit und einsatzfähig sein? Ein krankes Kind wirft sämtliche Planungen über den Haufen.

Ein Mann sagte mir neulich: »Wo sind denn bloß die Großmütter heutzutage? Die haben das ja früher auch selbstverständlich gemacht und ihren Kindern in einer solchen Situation geholfen.« »Die sind auch berufstätig«, habe ich geantwortet. Und: »Wo sind denn die Großväter, die das selbstverständlich übernehmen?«

Eine zusätzliche Belastung sehe ich auch in der Überberatung durch Medien, Apps und Internet. Da wird schon in der Schwangerschaft das Essen gescannt, um zu prüfen, ob es irgendwie schädlich sein könnte. Es muss gefragt werden, ob der Käse auf der Pizza pasteurisiert ist und der Fisch auch vollkommen durchgebraten. Wir wussten damals: nicht rauchen, kein Kaffee, kein Alkohol in der Schwangerschaft. Das war es aber auch schon an Regeln. Ich sehe heute eine riesengroße Angst, irgendetwas falsch zu machen, die junge Frauen belastet. Und das gilt ja dann auch für den Säugling. Es gibt nicht nur eine Großmutter, eine Freundin oder eine Hebamme, die uns etwas raten, sondern das gesamte Internet gibt Ratschläge. Auf welche Stimme soll ich jetzt hören? Das ist für viele die Frage.

Dabei müssen Mütter und Großmütter, Väter und Großväter auch ihre Rollen neu finden. Mir ist wichtig, mich einerseits als Großmutter nicht in die Belange der jungen Familie einzumischen, aber andererseits mit Rat und Tat bereitzustehen, falls ich gefragt oder gebraucht werde. Das ist nun auch wieder ein Balanceakt! Mischst du dich zu viel ein, gibt es Ärger, mischst du dich zu wenig ein, wird es als Desinteresse gewertet. Und natürlich habe ich bei vielen Fragen durchaus eine andere Einschätzung als die jungen Mütter.

Auf der Feier zu meinem 60. Geburtstag haben meine Töchter einige lustige Anekdoten zum Besten gegeben und unter anderen erzählt, wie sie meine Rolle als Großmutter zuweilen erleben. »Während wir sorgsam darauf achten, dass unsere Kinder ordentlich angezogen sind und vernünftig und gesund essen, gelten zuweilen andere Regeln, wenn sie bei dir zu Gast sind. Da ziehst du ihnen irgendetwas an und erklärst uns, dass du das mit der Auswahl der Kleidung, so wie wir es sehen, für völlig übertrieben hältst. Und dann kaufst du unserer Tochter eine pinkfarbige ›Einhornmilch‹ …« Wir nehmen dies alles zusammen mit Humor, aber ich versuche auch, die Bemühungen meiner Töchter zu respektieren. Dennoch muss ich auch zugeben: Manchmal macht es mir richtig Spaß, es anders zu machen …

Eine Bekannte sagte: »Weihnachten mit Enkeln, das heißt: schenken, schlucken, schweigen!« Ich habe gelacht. Aber sie hat auch recht. Wichtig ist sicher, die gegenseitigen Erwartungen zu klären. Ich kenne Großeltern, die enttäuscht sind. Sie würden gern viel mehr Zeit mit dem Enkel verbringen, am liebsten täglich. Die Eltern aber legen Wert darauf, dass sie ihren eigenen Erziehungsstil und Tagesrhythmus finden, und wahren erst einmal Abstand. Bei anderen sind die Erwartungen der Eltern an die Großelterngeneration groß. Der Großvater aber sagt: »Ich bin doch nicht in den Ruhestand gegangen, um jetzt meine Enkel zu hüten«, und stößt damit die eigenen Kinder vor den Kopf. Eine Freundin wollte ihr Haus eigentlich verkaufen und für das Alter in eine barrierefreie Wohnung ziehen. Sie tut das jetzt nicht, weil es ja sein könnte, dass die Kinder Kinder kriegen und diese dann vielleicht gern mal bei ihr abgeben. Ausgesprochen aber ist das nicht, und die Spannung liegt unter der Oberfläche. Und wieder eine andere ist inzwischen erschöpft, weil sie ständig aushilft, zwischen den Enkeln quer durch die Republik hin und her fährt. Ihr Ehemann ist leicht genervt, weil er eigentlich mit seiner Frau den Ruhestand genießen wollte.

Vor allem aber gilt: Enkelkinder sind eine ungeheure Bereicherung. Mir geht das Herz auf, wenn mein Enkelsohn mich mit den Worten empfängt: »Omi, du malst, und ich knete!«, und daraufhin in sein Kinderzimmer voranstapft. Ich genieße diese Zeit mit den Enkeln, weil ich Zeit für sie habe, mich nicht unter

Druck fühle. Solche Situationen sind ein Geschenk. Und doch ist auch klar: Die Kraft, kleine Kinder zu erziehen, habe ich gar nicht mehr. Als meine Tochter und mein Schwiegersohn gleichzeitig auf Dienstreise mussten, bin ich in ihr Dorf gefahren, habe die beiden Töchter von der Kita abgeholt. Nachmittags haben wir gespielt, ich habe Abendbrot gemacht, sie ins Bett gebracht. Am nächsten Morgen haben wir zusammen gefrühstückt, und ich habe die beiden in die Kita gebracht – danach war ich fix und fertig! Wieder zurück von der Kita musste ich erst einmal tief durchatmen. Es hat mir mit den beiden Mädchen großen Spaß gemacht, aber ich war froh, dass ich wusste: Heute Nachmittag holt mein Schwiegersohn sie ab, und ich bin wieder in Ruhe auf meinem Altenteil in Hannover. Das hat die Natur gut eingerichtet, finde ich: Zu der Zeit, in der uns die Kinder fordern, haben wir auch die nötige Kraft dazu. Sie wächst uns zu, wir wachsen an unseren Aufgaben. Heute sehe ich mit anderen Augen, wie viel Kraft meine Töchter und Schwiegersöhne aufbringen, um alles unter einen Hut zu bringen, allen so gut wie möglich gerecht zu werden. Ich erinnere mich gut daran, wie es damals bei uns war. Und ich möchte in meinem Alter nicht mehr tauschen.

Auch denke ich, die Rollenklarheit ist für die Enkel wichtig. »Omi, du bist halt schon richtig alt«, sagt meine Enkeltochter. Ich fühle mich gar nicht so alt, aber sie hat völlig recht. Sie beginnt im selben Jahr mit der Schule, in dem ich in den Ruhestand gehe, sie wurde 6, ich wurde 60.

Es ist ein großes Glück, Kinder heranwachsen zu sehen. Aber es gibt auch das Gefühl: Alles wiederholt sich. Die Kleinen lernen laufen, sprechen, Fahrrad fahren und schwimmen. Irgendwann sind sie selbstständig, haben Freunde, mit denen sie die meiste Zeit verbringen, lassen sich in der Familie seltener blicken – und werden flügge. Der Kreislauf des Lebens.

Ich werde langsamer, die Enkel werden schneller. Wenn sie durchs Haus und den Garten sausen, komme ich schon jetzt manchmal kaum hinterher. In meinem Leben hatte ich oft das Gefühl, viel Tempo vorlegen zu müssen. Das war schlicht auch so mit Kindern und Beruf. Meine Tochter Esther hat einmal gesagt: »Mama, beeil dich!« Und ich habe gesagt: »Ich beeile mich schon mein ganzes Leben!« Wir haben beide gelacht. Aber es war wirklich sehr, sehr treffend für mich. Mit den Enkeln lerne ich das, was neudeutsch »Entschleunigung« genannt wird. Der Weg von der Kita nach Hause dauert endlos lange, weil zwischendurch alles Mögliche entdeckt wird. Da schleicht eine rotbraune Katze über den Gehweg, auf dem Zaun hüpft ein kleines Vögelchen entlang, und in Nachbars Garten steht eine bunte Figur im Blumenbeet. Alles wird bestaunt. Das Bilderbuch wird zum dritten Mal gelesen, weil mein Enkel noch einmal und noch einmal sehen und hören will, was es bedeuten wird, ein großer Bruder zu sein. Ich entdecke geradezu die Langsamkeit, und das gefällt mir.

Familienbande – sie sind einfach schön und manchmal auch ziemlich anstrengend. Wahrscheinlich muss schlicht das richtige Verhältnis von Abstand und Nähe geklärt werden. Wenn wir zusammen sind, ist es wunderbar, aber in der Regel muss ich mich an den Rhythmus der jungen Familie anpassen. Da kann mir schon mal ein Seufzer entfahren, wenn um 6 Uhr morgens ein sehr glückliches Enkelkind strahlend an meinem Bett steht und ein Bilderbuch vorgelesen haben möchte. Ja, Glück ist das auch. Aber wenn wir länger zusammen sind, gilt es, meine Bedürfnisse zu äußern: Frühstückt ihr ruhig schon, ich komme dazu, wenn ich so weit bin. Und ich muss auch nicht auf jede Fahrradtour mitkommen, wenn mir eher nach Ruhe und Gemütlichkeit ist. Nach meiner Beobachtung sind am schlimmsten die unausgesprochenen unterschiedlichen Wünsche. Wenn klar gesagt wird, was wie für alle Beteiligten am besten passt, wird es entspannter.

Viel schwieriger als zu meiner Zeit finde ich heute die Herausforderung, mit den verschiedenen Medien umzugehen. Auch meine Kinder haben früher Fernsehen geschaut. Die Älteste am wenigsten, die Jüngste sehr früh. »Tigerentenclub«, »Sesamstraße« und »Die Sendung mit der Maus« brachten ab und an für mich eine echte Entlastung, weil die Mädchen beschäftigt waren und ich mich in der Zeit um etwas anderes kümmern konnte. Und eine dosierte Nutzung ist nach meiner Überzeugung überhaupt nicht schädlich. Heute ist es für Eltern manchmal sicherlich eine Versuchung, das iPad als Beschäftigungstherapie für die Kinder zu nutzen. Kaum halten die Kinder das Gerät in ihren Händen, kehrt augenblicklich erst einmal

Ruhe ein. Die moderne Technik hat dabei Vorteile, eine »Sendung mit der Maus«, die es immer noch gibt, kann zur passenden Zeit geschaut werden und nicht wie früher nur zu einem bestimmten Zeitpunkt. Früher war klar: Es gibt eine Folge, von 17:00 bis 17:30 Uhr. Danach war Schluss, und die nächste Sendung gab es erst am Folgetag um die gleiche Zeit – und manchmal auch erst eine ganze Woche später. Heute geht das alles in Endlosschleife. Und es könnte nach Meinung der Kleinen eben immer noch eine Sendung mehr sein und dann noch eine ... Die Eltern müssen die Kraft haben, das zu regeln. Andererseits: Alles verändert sich immer wieder. Und es wäre auch schlimm, wenn es ewig die gleichen Themen gäbe, mit denen wir uns beschäftigen müssten. Ich habe als Kind noch darum gekämpft, die Sendung »Lassie« schauen zu dürfen.

Schon beim eigenen Muttersein haben mich Kinderbücher fasziniert. Astrid Lindgren war bei uns die absolute Quotenqueen. Die Geschichten aus Bullerbü kann ich bis heute teilweise auswendig hersagen. Michel aus Lönneberga steht mir vor Augen. Und Tränen kamen allen bei den Brüdern Löwenherz. Heute lerne ich andere kennen, etwa den Gorilla, der Gute Nacht sagt. All das wüsste ich nicht ohne Enkel.

Am meisten aber faszinieren mich Gespräche mit den Enkeln. Da ist die Altklugheit, die amüsiert, wenn eine von ihnen sagt: »Ja, Omi, das geht halt schnell heute mit der Zeit!« Oder ein anderer tief seufzt und erklärt, sein Cousin sei halt noch ein Baby und deshalb schlicht megalangsam, aber das werde schon noch werden. Manchmal kann ich in solchen Momenten das Lachen kaum unterdrücken. Wie diese Kinder die Welt entdecken, fasziniert mich. Und ich kann manches beobachten, ohne dabei Druck zu empfinden, weil ich genügend Distanz habe. Ich muss nicht alles regeln, das ist die Aufgabe der Eltern. Als Omi kann ich fünfe auch mal gerade sein lassen. Das war schon früher so, als ich mich selbst geärgert habe, wenn meine Töchter bei meiner Mutter die Serie »Baywatch« gucken durften. Ich fand das damals unmöglich, aber meine Mutter hatte ihren Spaß daran. Und meinen Töchtern war sehr bewusst: Das ist die Ausnahme, die gibt es nur bei der Großmutter.

Natürlich tauchen in so einer Situation auch eigene Familienthemen wieder auf. Es werden Ähnlichkeiten entdeckt, und nicht alle stoßen auf Begeisterung. Da steht zum Beispiel bei meinen Töchtern die Frage im Raum, ob ihre Kinder ein Instrument lernen sollen. Die eine Tochter sagt: Um Himmels willen, das war furchtbar für mich, eine richtige Quälerei. Meine Tochter soll das nicht auch so erleben. Die andere sagt zu mir: Da hättet ihr damals als Eltern mehr Druck machen sollen, dann könnte ich heute ein Instrument spielen. Wir haben es bei allen vier Töchtern versucht – und keine wollte am Ende mit ihrem Instrument weitermachen. Der Unterricht wurde als lästig empfunden, die Ermahnung, auch fleißig zu Hause weiterzuüben, ebenso. Angeblich hätte eine von Anfang an gesagt, dass es das falsche Instrument sei – oder dass sie überhaupt keine Lust auf so etwas hätte. Und ich schaue zurück und denke: War das so? Ich kann mich wirklich nicht mehr genau erinnern. Und: Hätte ich es damals anders machen sollen?

Als ich schwanger war, wollten mein Mann und ich nie wissen, welches Geschlecht das Kind hat. Irgendwie war klar: Wir lassen uns überraschen. Deshalb war ich überrascht, dass meine Kinder heutzutage schon relativ früh wissen, ob das werdende Kind ein Mädchen oder ein Junge sein wird. Inzwischen finde ich das sogar richtig gut. Das Kind ist im Grunde schon vorgeburtlich präsent, sogar mit Namen. Es gibt keine Enttäuschungen, wenn es am Ende ein Junge wird, auch wenn man sich doch so sehnlich eine Tochter gewünscht hat – denn es ist schon seit Monaten klar, was Sache ist, und die Eltern, ja die ganze Familie kann sich damit anfreunden. In meiner Generation gab es manches Mal regelrechte Dramen. Ich erinnere mich an eine Freundin, die so sicher war, ein Mädchen zu bekommen, dass sie nur einen Mädchennamen vorbereitet hatte. Es wurde ein Sohn. Die Anmeldung beim Standesamt überschritt am Ende die vorgeschriebene Zeit, und auf die Schnelle wurde ein Name festgelegt. Andere hatten das Kinderzimmer rosa gestrichen und alles so eingerichtet, dass es für ein Mädchen passte. Und standen dann mit einem Jungen da.

Die heutige Situation, alles schon weit im Voraus zu wissen, erinnert mich an das Psalmwort. »Du hast mich gebildet im Mutterleibe« (139, 13). Gott kennt mich schon vor meiner Geburt. Der Name des Kindes ist schon präsent. Und damit, so habe ich den Eindruck, ist das Kind auch schon vor der Geburt Teil der Familie. Das zeugt von einer neuen Sensibilität – und die imponiert mir.

Wie schon erwähnt, hat meine Mutter ein Jahr vor meiner Geburt einen Jungen zur Welt gebracht, der als Frühgeburt nach drei Tagen starb. Sie hatte ihn noch »nottaufen« lassen auf den Namen Robert. Darüber wurde in der Familie nie gesprochen, vielleicht auch, weil meine Eltern in jungen Jahren so viel Krieg, so viel Leid und so viele Tote erlebt hatten, dass sie das schlicht »weggesteckt« haben. Heute wissen wir, wie sehr sich eine Fehlgeburt, eine Totgeburt oder ein früher Kindstod auf eine Familie auswirkt. Damit wird viel sensibler umgegangen. Kinder werden würdig bestattet. Und sie bekommen einen Namen. Das ist eine gute Entwicklung, finde ich!

Auch bei der Namensgebung gibt es immer wieder Neues zu entdecken. Ich finde es interessant, wie viele alte Namen derzeit wieder in Mode kommen. Niemand meiner Generation hätte eine Tochter Frieda oder einen Sohn Fritz genannt, schlicht, weil das die Namen der Tanten und Onkel, der älteren Generation waren. Heute sind solche Traditionsnamen wieder hoch im Kurs. Mir gefällt das, sie schaffen Verbindungslinien in die Familiengeschichte. Noch mehr natürlich gilt das für biblische Namen. Wer hätte in meiner Generation gedacht, dass Noah mal ein Namensfavorit werden könnte. Ich finde diesen alten Namen wunderbar, allein wegen der Geschichte, die mit ihm verbunden ist. Aber auch hier gilt: Eltern sind fast überinformiert, sie haben in Windeseile via Internet Zugang zu einer Fülle von Informationen, sie können nachlesen, woher alles kommt, was es bedeutet. Und sie kennen das Ranking des Namens auf der Beliebtheitsskala. Jetzt müssen sie wählen, was bei zunehmender Auswahl und den vielen »Für und Wider«, die es im Netz zu lesen gibt, auch nicht einfacher wird.

Sicher, es gibt kritische Fragen und Konflikte zwischen Großeltern, Eltern und Kindern. Aber insgesamt ist doch heute vieles entspannter als früher, finde ich. Es geht weniger um Status und Besitztümer, die zu verteilen sind, sondern mehr um Lebensqualität, um die Freude am Miteinander. »Der Alten Krone sind Kindeskinder«, heißt es in der Bibel (Spr 17,6). Das empfinde ich genauso. Enkel zu haben ist eine Krone fürs Leben. Alice Schwarzer hat kürzlich gesagt, Kinder habe sie nie gewollt, aber Enkel hätte sie gern. Verstehen kann ich das. Aber das eine ist ohne das andere schlicht nicht zu haben. Die Anstrengungen der Kindererziehungsjahre werden gekrönt durch die Enkelkinder, die du nicht erziehen musst, sondern schlicht verwöhnen darfst. Mit Zeit und mit Ausnahmen. Ich finde es gut, dass meine Töchter und Schwiegersöhne sehr bewusst ernähren. Aber bei mir dürfen es dann schon mal Gummibärchen sein, finde ich. Oder eben eine rosafarbige »Einhornmilch« ;-).

Was mich fasziniert, ist die Interaktion zwischen den Enkeln. Wie unbeschwert sie miteinander spielen, wie sie sich austauschen, einander auf kleine Dinge aufmerksam machen, die sie gerade entdeckt haben.

Jeder Nachmittag im Garten wird zu einer Entdeckungsreise: der kleine Käfer auf dem Blatt, die alte Bank, mit der man Schiff spielen kann, und das Leben im Baumhaus. Eine erklärt dem anderen etwas, einer passt auf den anderen auf.

Vieles davon halten ihre Eltern und ich im Bild fest, das wir dann miteinander teilen. Durch eine WhatsApp-Gruppe kann es schnell an alle weitergegeben werden. Das war früher viel umständlicher. Sicher, es ist wunderbar, alte Briefe zu besitzen. Ich empfinde das als großen Schatz. Und immer wieder nehme ich mir vor, Briefe zu schreiben. Aber dann ist die Versuchung einfach zu groß, schnell eine Mail oder eine WhatsApp-Nachricht zu schicken, FaceTime zu nutzen oder zu skypen. Aber es ist keineswegs schlecht. Der Kontakt scheint mir dadurch enger geworden zu sein. Die Kritiker haben allerdings auch recht, denn all die Nachrichten werden irgendwann gelöscht, und in der Fülle der Nachrichten geht vieles unter. Einen alten Brief wird kaum jemand der jetzt aufwachsenden Generation später in der Hand halten – und das ist auch ein Verlust.

Ähnlich ist es mit Fotos. Mit einem Film ließen sich 24 oder 36 Bilder machen. Das Entwickeln war relativ teuer, deshalb wurde gut überlegt, welche Fotos überhaupt sinnvoll waren. Und bei den Sofortbildkameras, die in meiner Jugend richtig begehrt waren, ist die Qualität so schlecht, dass sie heute alle schon rotstichig sind. Während wir die paar Fotos in Alben geklebt und einzeln beschriftet haben, gibt es heute Tausende von Aufnahmen auf einem Handy. Die meisten davon, das lehrt die Erfahrung, werden nicht allzu oft angesehen. Du verlierst sie schlicht aus dem Blick oder musst sie löschen, weil das Datenvolumen deines Handys ausgeschöpft ist. Es ist eine große Mühe, aus der Fülle auszuwählen und dann ein Fotobuch zu erstellen. Aber der Aufwand lohnt sich. Für mich sind das die schönsten Weihnachtsgeschenke, weil es wunderbar ist, Fotos im Buch anschauen zu können – aber ich muss zugeben: Meine Geduld zum Erstellen eines solchen Buches ist extrem begrenzt.

Mein Eindruck ist, dass meine Enkel von Anfang an sehr bewusst die ganze Familie wahrnehmen. Das liegt sicher auch an den Wänden mit Familienfotos, die bei allen Töchtern und auch bei mir im Treppenhaus hängen und auf denen dann durchbuchstabiert wird, wer wer ist und zu wem gehört. Meine Enkelkinder zählen gern auf, welche Namen sie kennen, und freuen sich aufeinander, wenn sie sich treffen. Ich wünsche allen Kindern so große Familien, weil das ja auch eine tiefe Geborgenheit bedeutet.

Ich denke dabei auch an die große biblische Familie des Jakob, die mich immer wieder fasziniert. Er verliebte sich in Rahel, wird aber gezwungen, zuerst deren ältere Schwester Lea zu heiraten. Die Ehefrauen (ja, es sind mehrere) wetteifern um seine Zuneigung und lassen auch noch ihre Mägde Kinder bekommen, um die Gunst des Patriarchen zu sichern. Am Ende sind es zwölf Söhne und eine Tochter, eine große Kinderschar, in der es auch Missgunst gibt und Neid – eine lange Geschichte. Aber dieses Gefühl der Zugehörigkeit hat allen Stabilität gegeben, so lese ich es. Trotz aller Verwerfungen bleibt am Ende eine versöhnte Familie, die füreinander Sorge trägt. Und so erlebe ich es auch in meinem Umfeld.

Wo ordnet sich ein Kind ein ohne solche Familiengeschichte? Ich habe Kinder vor Augen, die ganz allein mit der Mutter aufwachsen, weil der Vater sich nicht für sie interessiert und es Onkel, Tanten und Geschwister schlicht nicht gibt. Ganz wunderbar erkennt das in dem Film »About a Boy« der Junge Marcus. Seine Mutter ist suizidgefährdet, und ihm wird klar: Zwei sind einfach zu wenig. So setzt er alles daran, die Beziehungen zu erweitern. Das gelingt schließlich auf ziemlich chaotische Weise. Er schafft ein Netzwerk von Menschen, zu dem er und seine Mutter nun gehören, und ist damit wesentlich besser abgesichert gegenüber den Unwägbarkeiten des Lebens. Solche Netzwerke brauchen Kinder. Schön, wenn das die eigene Familie ist. Wenn es die so nicht gibt, können wir andere Netzwerke bilden. Denn wir müssen ja auch immer überlegen, was wäre, wenn wir nicht mehr für unsere Kinder da sein könnten. Ich erinnere mich, dass meine Mutter oft sagte, sie war froh, als wir selbstständig waren. Mir ging es auch oft so, dass ich gehofft habe, meine Kinder zumindest so lange begleiten zu können, bis sie fest im Leben stehen. Aber es ist auch gut, Vorsorge zu treffen für den Fall, dass wir nicht mehr da sein können, weil wir sehr krank werden oder frühzeitig sterben. Auch da federt es Kinder enorm ab, wenn sie von der Großfamilie aufgefangen werden.

Natürlich herrscht bei uns nicht immer Harmonie. Da ist eine genervt von der anderen, jemand hat gerade einen Höhenflug, eine andere ist gar nicht gut gestimmt. Die Belastungen können groß sein, die Verletzungen auch. Manchmal ist mir nicht klar: Soll ich jetzt etwas sagen oder besser nicht? Oft würde ich auch gern etwas raten, weiß aber keinen guten Rat, würde gern helfen, kann es aber gar nicht, wie mir bewusst ist. Auch die Enkelkinder sind nicht immer nur Goldengel, und außerdem können sie sich heftig streiten, wie ihre Eltern und Großeltern auch. Und doch wissen alle: Es ist gut, dass es sie gibt: die Familie.

Auch bei uns in der Familie gibt es die Konstellationen, die gern Patchwork genannt werden. Mein ehemaliger Mann und ich taufen unsere Enkelkinder gemeinsam. Er hält als Pfarrer die Ansprache, ich gestalte die Liturgie und den Taufakt selbst. Da sind dann alle zusammen, die biologischen Großeltern, die neuen Partnerinnen und Partner, auch mit Blick auf die Schwiegersöhne. Mein Eindruck ist, dass das Miteinander bei solchen Gelegenheiten im Lauf der Jahre immer friedlicher, ausgeglichener wird. Da sind alte Kriegsbeile längst begraben, es gibt schlicht eine Freude an der neuen Generation. Ich kann nicht verstehen, wenn Paaren das kaum gelingt und gestritten wird, wer wann, wo und wie welches Kind oder welchen Enkel treffen darf. Was soll das? Inneren Frieden schließen mit der eigenen Geschichte ist doch auch eine Frage von Altersweisheit! Da haben Kinder Angst vor ihrer Konfirmation, weil die Familie väterlicherseits und die Familie mütterlicherseits nicht miteinander sprechen. Da erklärt die Mutter der Braut, sie komme nicht zur Hochzeit, wenn ihr Ex-Ehemann auch erscheint. In solchen Situationen kann ich nur appellieren: Begrabt euren Groll und Zorn um der Kinder willen! Scheidungskinder leiden immer unter der Trennung der Eltern, das kann niemand schönreden. Wenn dann Vater und Mutter noch schlecht übereinander reden und die restliche Verwandtschaft das auch tut, wird die Belastung noch größer. Jedes Kind liebt doch erst einmal Vater und Mutter, und das ist und bleibt eine lebenslange Beziehung. Deshalb sollten Eltern einerseits die Spannungen und auch die Gründe für die Scheidung nicht verschweigen, sonst wird das Ganze zum großen, dunklen und damit bedrohlichen Geheimnis. Aber sie sollten vor allem respektvoll miteinander umgehen. Die Verletzungen, die bei einer Scheidung bestehen, sie lassen sich ja bearbeiten, sie vernarben auch im Lauf der Jahre. Auf keinen Fall sollten sie an die Kinder weitergegeben werden, denn die haben die Verletzungen ja nicht verursacht, sondern sie leiden unter ihnen.

Meine jüngste Tochter meinte neulich, inzwischen sehe sie das Ganze durchaus positiv, durch Patchwork erweitere sich ja die Großfamilie noch. Wenn sie bei ihrem Vater ist, trifft sie auf eine große Familie mit Cousinen und Cousins in ihrem Alter, da ist sie Teil einer großen Gemeinschaft und kann sich zugehörig fühlen – das ist sehr gut so. Ich persönlich mag es, wenn das Haus voll ist, es ein großes Gewusel statt strikter

Ordnung gibt. Klar, da entsteht hier und da auch mal eine kleine Auseinandersetzung, aber im Großen und Ganzen ist es schlicht eine Freude, zusammen zu sein. Und dabei ist es völlig in Ordnung, wenn sich Einzelne oder Paare auch mal zurückziehen wollen!

Es ist gut, wenn in Deutschland wieder mehr Kinder geboren werden, wir sollten jungen Paaren Mut dazu machen. Und wo eine alleinerziehende Mutter für sich und ihr Kind allein kämpfen muss, kann sie durchaus bei anderen Menschen andocken und bekommt Unterstützung, das erlebe ich auch. Das gilt auch für Menschen, die gewollt oder ungewollt keine Kinder haben. Das Patenamt etwa kann da wichtig sein. Die Pateneltern meiner Töchter Hanna und Lea haben selbst keine Kinder. Sie haben ihr Amt als Paten ernst genommen, und es hat für beide eine große Rolle gespielt.

Mir scheint auch der Wert der Familie generell in seiner gesellschaftlichen Bedeutung wieder zu steigen. Lange haben wir ja fast neidisch auf die Familien der Zuwanderer geschaut, die so eng zusammenhalten. Heute gibt es erfreulicherweise in vielen jungen Familien die Tendenz zu mehr Kindern. Ein Taxifahrer mit türkischen Wurzeln konnte einmal nicht glauben, dass ich vier Kinder habe. »Auweia, zwei sind absolut genug, finde ich«, sagte er mit einem Lachen. Interessant, dachte ich, da verschiebt sich etwas. Und in der Tat, ganz anders, als es Thilo Sarazzin und andere behaupten, geht die Geburtenrate gerade bei Zuwandernden zurück. Das ist ja auch sehr verständlich. Frauen finden in Deutschland neue Rollen, sie haben Zugang zu

Verhütungsmitteln, sie können oft selbstbestimmter leben als in ihren Herkunftsländern. Schön ist es, wenn wir gemeinsam in Deutschland den Wert der Familie feiern – weil wir als Teil der Gesellschaft diese Lebensform frei wählen dürfen.

Wenn ich gelegentlich davon erzählt habe, wie wir früher mit der Hofgeismarer Kinderakademie in den Urlaub fuhren, schauten mich manche mit großen Augen an: Mit acht Familien in den Frankreich-Urlaub? Mit 40 Leuten nach Schweden? Das muss doch furchtbar anstrengend gewesen sein. Da wird es bestimmt jede Menge Konflikte gegeben haben – oder? Ich fand diese Reisen wunderbar. Je mehr Erwachsene und Kinder zusammen unterwegs sind, desto mehr verschiebt sich die Last der Verantwortung. Da nehmen die einen die anderen mit, jeden Tag hat eine andere Familie mittags gekocht (was in der Größenordnung eine Herausforderung war!), aber es waren auf sehr besondere Weise glückliche Sommer, an die sich Eltern wie Kinder gern zurückerinnern.

Wir haben damals auf diesen Fahrten als Erwachsene gemeinsam Bücher gelesen, mit den Kindern Neues entdeckt. Ich habe noch ein schönes Erinnerungsheft, in dem alle aufgeschrieben haben, wie sie Frankreich erlebten. Am Schluss gab es sogar eine Theateraufführung: »Das Geheimnis von Schloss Olivier«. So hieß das Schloss, das wir gemietet haben. Es war ziemlich heruntergekommen, und unvergessen ist, dass ein Mädchen sich weigerte, dort zu übernachten, es sähe aus »wie ein Knast«. Sie schlief dann aber nur die erste

Nacht im Auto. Erinnerungen an gemeinsame Urlaube und Erlebnisse, sie tun gut, wenn wir älter werden, weil sie uns mit anderen verbinden. Mit Menschen, die uns noch nahe sind, mit solchen, die wir aus den Augen verloren haben, und auch mit denen, die bereits verstorben sind. Dankbar denke ich an viele von ihnen. Vielleicht müssen wir erst alt werden, um solche Erinnerungen bewusst wahrzunehmen, uns zu freuen, über Entdeckungen alter Erlebnisse, die wir vergessen hatten, Fotos wertzuschätzen, die uns in die Hände kommen. »Schwelgen in Erinnerungen« – dieser Ausdruck bekommt eine neue Bedeutung. Das meint nicht, etwas zu verklären. An manches erinnere ich mich auch mit Druck im Magen. Aber ich freue mich an Erinnerungen, es ist schön, sie teilen zu können. »Weißt du noch …«, das ist ja auch ein Gesprächsanfang, der Verbundenheit signalisiert. Es geht dabei nicht um Nostalgie nach dem Motto: »Früher war alles besser«, sondern auch um das Heben von Schätzen, die versinken, wenn wir mit unserer Erinnerung allein bleiben.

In der Bibel gefällt mir zu diesem Thema besonders die Geschichte von Jakob und seinem Bruder Esau. Wie bei vielen der großen Erzählungen des hebräischen Teils der Bibel kommt hier zutiefst Menschliches zutage: Die beiden Brüder sind Zwillinge. Den einen liebt der Vater mehr, den anderen die Mutter. Letzterer, Jakob, erschleicht sich mithilfe der Mutter den Segen des Vaters, der eigentlich Esau als dem Erstgeborenen gebührte. Jakob flieht danach, das Leben geht seinen Gang. Viele Jahre später begegnen sie sich wieder. Esau ist in der wesentlich stärkeren Position. Jakob ahnt, dass nun Vergeltung ansteht, und macht sich auf eine große Auseinandersetzung gefasst. Stattdessen erzählt die Bibel von einer überraschenden Wende: »Esau aber lief ihm entgegen und herzte ihn und fiel ihm um den Hals und küsste ihn und sie weinten.« (1. Mose 33, 4) Ich finde, das ist eine wunderbare, jahrtausendealte Geschichte über das manchmal komplizierte Miteinander in einer Familie – aber vor allem über das Glück der Versöhnung. Die beiden Brüder haben ihre Kindheit miteinander verbracht. Sie sind einander gerade als Zwillinge zutiefst verbunden. Dann zerbricht das Miteinander im Streit um die Gunst der Eltern und das Erbe. Jakob spürt noch immer die Schuld des Verrats, aber Esau hat ihm doch längst vergeben. Er ist ein glücklicher Mann, frei von Hass und Groll. Das wünsche ich mir für Familien: gemeinsame Erinnerungen wertzuschätzen, Auseinandersetzungen offen zu führen. Aber bei alldem die gegenseitige Zuneigung, die tiefe Verbindung nicht aus den Augen zu verlieren. Ja, manch einer muss sich immer wieder einen Ruck geben, so wie Esau. Aber als er seinen Bruder sieht, sind die alten Verletzungen völlig zweitrangig, es ist sein Bruder!

7. Auf der Suche nach dem gelobten Land

Als ich gefragt wurde, worüber ich bei meinem Verabschiedungsgottesdienst am 30. Juni 2018 predigen wolle, habe ich länger überlegt. Es gibt Texte, die mir besonders nahe sind, die Seligpreisungen etwa, Psalm 31 oder auch die Erzählungen der großen Frauengestalten der Bibel. Als mir aber jemand sagte, er erwarte von meiner letzten Predigt im Amt einen Impuls, der nach vorn weist, ging mir die Geschichte von Mose durch den Sinn.

Im fünften Buch Mose wird über mehrere Kapitel hinweg erzählt (31–34), wie Mose sich auf seinen Abschied und auch auf seinen Tod vorbereitet. Gott hatte ihn das Land, das verheißen war, noch sehen lassen, von einem Berggipfel aus. Aber er hat auch klargemacht, dass Mose dieses Land selbst nicht mehr betreten würde, sondern Josua das Volk Israel auf der letzten Etappe führen sollte. Und Mose? Er beschwert sich nicht, er hadert nicht, sondern er scheint das in aller Ruhe zu akzeptieren. Zuallererst setzt er Josua als seinen Nachfolger ein. Danach hinterlässt er ein Ritual, durch das sich die kommenden Generationen an den Weg Gottes mit seinem Volk erinnern sollen. Es soll weitergegeben werden, welche Erfahrungen sie gemacht haben. Dann ermutigt Mose klar seinen Nachfolger Josua: »Sei getrost und unverzagt« (5. Mose 31,23). Das finde ich wunderbar! Getrost sein, getröstet also, zuversichtlich. Und unverzagt, ein Wort, das in der Bibel manches Mal vorkommt: keine Angst, nicht verzagen, sondern vertrauen auf Gottes Weg mit dir.

Ich weiß, ich bin nicht Mose ;-). Aber dieses Bild, auf dem Berg zu stehen und in die Zukunft zu sehen, die Erfahrung, die Mose in der biblischen Erzählung macht, sie hat viele Menschen inspiriert. Und es ist ja auch eine schöne Idee: Ein Mensch darf noch einmal in die Zukunft blicken, die voller Hoffnung ist. Eine Zukunft, die er selbst aber nicht mehr erleben wird. Am berühmtesten ist wohl die Rede Martin Luther Kings am 3. April 1968, am Abend vor seiner Ermordung, in der er sich auf Mose bezieht:

Er sagt, dass er auf dem Gipfel des Berges gewesen ist und das gelobte Land gesehen hat. Wissend, dass er es selbst nicht mehr erreicht, weil er ahnt, dass er bald sterben wird, ist er dennoch glücklich. Er weiß, dass sich alles dennoch gelohnt hat, dass die Menschen, für die er gekämpft hat, ans Ziel kommen werden. Weil er »die Herrlichkeit des Herrn« gesehen hat, macht er sich keine Sorgen um den zukünftigen Weg und sein eigenes Leben. Eine absolut faszinierende Rede, deren Kraft und Emotion über die Jahrzehnte hinweg wirkt.

Nun ließe sich bei diesen beiden großen Gestalten der Glaubensgeschichte sagen: So gelobt war das Land am Ende ja gar nicht. Das Volk Israel siedelte sich nach der biblischen Erzählung zwar an, hatte aber schwere Zeiten vor sich, wurde schließlich im Jahr 70 nach Christus vertrieben in alle Welt und konnte erst 1948 ebendort einen Staat Israel gründen. Und auch heute durchlebt Israel schwere Zeiten, von außen angefeindet, innerlich oft zerrissen, ohne konkrete Aussichten auf ein Zusammenleben in Frieden. Was also hat Mose gesehen? Nach der biblischen Erzählung hat Mose das Volk aus der Sklaverei in Ägypten in die Freiheit geführt, es hat nach 40 Jahren in der Wüste ein Land erreicht, in dem »Milch und Honig fließen«. Mose hat vom Berg Horeb aus also gesehen, wie es sein könnte, ein friedliches Zusammenleben der Menschen, ausreichend Nahrung für alle. Freiheit, den Glauben zu leben, und ja, Glück – dafür stehen wohl Milch und Honig. Es wird nicht weiterhin nur karges Schwarzbrot geben, sondern es kommt eine Zeit für Genuss. Es war eine Vision vom guten Leben.

Jahrtausende später hat ein US-amerikanischer Baptistenpfarrer eine ähnliche Vision. Er hat Rassismus erlebt, Erniedrigung und die Unfähigkeit seines Landes, in Vietnam Frieden zu schließen. Seine Hoffnung war, dass eines Tages Menschen unterschiedlicher Herkunft und Hautfarbe in den USA friedlich und respektvoll, ja gleichberechtigt miteinander leben würden. Das »gelobte Land« war für ihn ein Land, in dem seine vier Kinder frei aufwachsen können.

Natürlich ist die Mose-Erzählung kein historischer Bericht. Aber sie ist großartig geschrieben, und sie hat tiefe Spuren hinterlassen. Sie berichtet von einem Mann, der voller Gottvertrauen seinen Weg gegangen ist. Er wurde als Säugling bewahrt durch seine Mutter und seine Schwester. In jugendlicher Empörung wurde er zum Mörder. Durch eine Gottesbegegnung fasst er den Mut, eine Führungsrolle in der Revolte seines Volkes zu übernehmen. In allen Irrungen und Wirrungen ringt er darum, dass sein Volk beim Willen Gottes bleibt. Ähnlich Martin Luther King. Er war der richtige Mann mit dem richtigen Charisma zur richtigen Zeit und übernimmt eine Führungsrolle.

Mir ist wichtig, dass die Mose-Geschichte klarmacht: Verantwortung ist auf Zeit verliehen. Wir sollten sie wahrnehmen, aber auch abgeben können. Und das sollte dann ohne Groll oder Beleidigtsein geschehen. Es ist eine innere Freiheit, loslassen zu können und darauf zu vertrauen, dass andere den eingeschlagenen Weg weitergehen werden. Auch das ist für mich Teil des Glaubens: Ich sehe mein Leben eingebettet in die Geschichte von Generation zu Generation.

In unserem Zeitalter des Individualismus meint jeder Mensch, absolut einzigartig sein zu müssen. Durch Leistung, Kleidung oder auch durch Tattoos. Das ist ja auch ungeheuer anstrengend. Es tut gut, sich im Zusammenhang mit anderen zu sehen und auch als ersetzbar zu verstehen. Auch der Tod hat dann ja eine andere Bedeutung. Ich lebe den mir zur Verfügung stehenden Lebensabschnitt bewusst. Aber dann kann ich mein Leben auch wieder zurückgeben in die Hand Gottes. Wer an ewiges Leben glaubt, muss in dieser kurzen Erdenzeit auch nicht alles leisten, das ist sehr entlastend, finde ich. Dabei ist für mich Glauben gerade nicht Opium des Volkes, wie Karl Marx das gesehen hat. Es ist gerade nicht eine Selbstbetäubung, weil ich mit dem Unrecht dieser Welt sonst nicht fertigwerde und mich daher auf eine bessere Welt vertröste. Nein, der Glaube an Gott ermutigt geradezu, sich aufzubäumen gegen das Unrecht dieser Welt, weil wir als Christinnen und Christen schon hier und jetzt Zeichen setzen wollen für Frieden und Gerechtigkeit, wie Gott sie verheißen hat.

Wir sind uns doch bewusst, dass Menschen immer wieder verführbar sind wie Adam und Eva, dass sie zu Gewalt neigen, seit Kain und Abel. Dass sie größenwahnsinnig sind wie beim Turmbau zu Babel. Aber wir haben seit den Zeiten des Mose eine Vision davon, dass es anders sein könnte, dass Menschen in Frieden und Gerechtigkeit, in Freiheit und ohne Hunger leben könnten. Diese Vision treibt Menschen, die an Gott glauben, in jeder Generation neu an.

So kann ich mein eigenes Leben auch gut einordnen. Ich muss mich nicht selbst erhöhen, muss gar nicht so herausragend sein. Gott vertraut uns eine Etappe an, die wir mitgestalten können. Jeder und jede von uns haben dabei bestimmte Gaben, die abgerufen werden. Ich habe mir als Jugendliche ganz bestimmt nicht vorstellen können, Bischöfin zu werden, zumal ich noch nicht einmal eine Pfarrerin kannte. Aber dann hat mein Lebensweg für mich fast merkwürdigerweise genau dorthin geführt. Ich wurde in Funktionen und Ämter berufen oder gewählt, die mich Schritt für Schritt weiter qualifiziert haben. Ich bin dankbar, dass Menschen mich ermutigt haben, dazu jeweils auch Ja zu sagen. Jetzt habe ich diese Funktionen alle wieder abgegeben. Ob ich vorher das »gelobte Land« gesehen habe? Mein erster Gedanke war: Nein! Ich habe ohnehin nicht den Hang zu großen Visionen. Aber vielleicht muss es ja gar nicht die ganz große Vision sein. Vielleicht genügen auch Erfahrungen, die Hoffnung machen.

Eine meiner ersten politischen Erfahrungen war der Einmarsch der Sowjetunion in die Tschechoslowakei. Meine Eltern hatten Angst. »Der Russe kommt« – so weit war Prag nicht weg. Als das Ende der Sowjetunion nahte und Alexander Dubcek, die Leitfigur des Prager Frühlings, Jahrzehnte später zu einer der Leitfiguren der »Samtenen Revolution« und 1989 zum Präsidenten des Bundesparlamentes gewählt wurde, habe ich so etwas wie Gerechtigkeit in der Geschichte erlebt. Oder ich denke an Nelson Mandela, der nach 27 Jahren im Gefängnis mit einem Lächeln auf dem Gesicht, statt der erwarteten Bitterkeit, seinen politischen Gegnern die Hand zur Versöhnung reichte. Und der damit das Ende der Apartheid in Südafrika eingeläutet hat. Ich denke an die friedliche Revolution in der DDR, die von so vielen mutigen Menschen, gerade auch den Christinnen und Christen getragen wurde. Ich habe gebannt mitverfolgt, was vor sich ging, und gebetet, dass es kein Blutvergießen gibt wie auf dem Tian'anmen-Platz in Peking im Juni 1989. Aber die Mauer fiel – ohne Gewalt.

Das sind keine Visionen. Aber es sind Zeichen und Wunder. Wie es in dem schönen Lied »Wir haben Gottes Spuren festgestellt«, das Diethard Zils vor 40 Jahren geschrieben hat, heißt:

> *Wir haben Gottes Spuren festgestellt*
> *auf unsern Menschenstraßen,*
> *Liebe und Wärme in der kalten Welt,*
> *Hoffnung, die wir fast vergaßen.*
> *Zeichen und Wunder sahen wir geschehn*
> *in längst vergangnen Tagen,*
> *Gott wird auch unsre Wege gehn,*
> *uns durch das Leben tragen.*

Ja, für mich waren es oftmals Gottes Spuren, die ich gesehen habe und denen ich gefolgt bin. Es gab auch Enttäuschungen, natürlich. Dass nach 1989 nicht alle Energie und alles Geld in eine weitere Entspannung, mehr Gerechtigkeit investiert wurden und stattdessen die Konfrontation zwischen Ost und West wieder wächst und Menschen noch immer hungern – das tut weh. Die Niederschlagung der Demokratiebewegung in China, das Ende des Arabischen Frühlings, der Krieg in Syrien, all das ist zutiefst deprimierend.

Aber solche Rückschläge haben ja auch unsere Mütter und Väter im Glauben erlebt. Ich denke an die Zeit zwischen den beiden Weltkriegen in Europa, als sich über nationale Grenzen hinweg eine ökumenische Bewegung formierte und wenig später erleben musste, dass doch wieder der Nationalismus die Oberhand gewann. Dass der Nationalsozialismus einen Krieg grausamsten Ausmaßes vom Zaun brach, mit Millionen von sinnlosen Opfern und der Ermordung der Juden Europas. Da hätten viele sagen können: Ich lasse das mit der Hoffnung dahinfahren. Es wird niemals Frieden geben. Aber genau in dieser Zeit dichtete Shalom Ben Chorin in Israel ein Lied mit ganz anderem Duktus:

> *Freunde, dass der Mandelzweig*
> *Wieder blüht und treibt,*
> *Ist das nicht ein Fingerzeig,*
> *dass die Liebe bleibt?*
> *Dass das Leben nicht verging,*
> *Soviel Blut auch schreit,*
> *Achtet dieses nicht gering,*
> *In der trübsten Zeit.*
> *Tausende zerstampft der Krieg,*
> *Eine Welt vergeht.*
> *Doch des Lebens Blütensieg*
> *Leicht im Winde weht.*

Wir brauchen solche Lieder der Hoffnung, solche kleinen Zeichen als die ganz großen Visionen. Aber die Hoffnungsbilder sind ja stets Teil der großen Vision von dem gelobten Land, in dem Milch und Honig fließen und in dem Frieden und Gerechtigkeit sich küssen. Klar bin ich enttäuscht worden, in kleinen

Hoffnungen und auch in großen. Aber auch das ist ja Teil des Lebens. Was wäre das für ein Leben, in dem es immer nur Gelingen oder Erfolg gibt? Wäre das erstrebenswert?

Der Philosoph Friedrich Nietzsche hat in seinem Buch »Jenseits von Gut und Böse« geschrieben, im Paradies sei Gott selbst am siebten Tag in die Rolle der Schlange geschlüpft, weil er des ausschließlich paradiesischen Zustands schon überdrüssig wurde und er deshalb sozusagen die Anfechtung selbst organisierte. In ähnlicher Weise hat Wladimir Kaminer den biblischen Adam am Tor des Paradieses mit einem gewissen Seufzer zurückschauen lassen, denn Adam war »in seiner unsterblichen Seele eigentlich froh, dass endlich etwas passierte in seinem Leben. In Gottes Paradies zu sitzen, Kunst zu machen, sich Weisheiten anzuhören und die Tierchen zu füttern ist auf alle Ewigkeit doch etwas eintönig, fand Adam.«[28] Immer nur im Paradies leben, das wäre auf Dauer ja auch langweilig – vielleicht eher ein interessanter Gedanke. Ja, der Mensch sehnt sich nach dem Paradies, nach Glück auf Dauer. Damit machen Urlaubsanbieter ja ständig Reklame, sie bieten das Land, in dem Milch und Honig fließen, auf Zeit an. Aber ob der Mensch das wirklich wollen sollte, ständig nur Glück und Harmonie, Gerechtigkeit und Frieden? Wofür würde sich ein Mensch dann noch engagieren, wofür kämpfen? Gewiss, Rückschläge tun weh, Enttäuschungen schmerzen, Tiefschläge

---

28 Wladimir Kaminer: Das Leben ist kein Joghurt, Frankfurt 2010, S. 29.

verletzen. Aber ein keimfreies Leben ohne Narben und ohne Niederlagen bedeutet ja nicht, ein gelingendes Leben zu führen.

Ich bin persönlich kein Fußballfan, aber manchmal faszinieren mich die Emotionen, die damit verbunden sind. Als der FC Bayern zum ersten Mal seit 2012 am 19. Mai 2018 das DFB-Pokalfinale verloren hat, benahm sich die Mannschaft absolut unsportlich. Sie verkroch sich in die Kabine, statt wie üblich – und für den FC Bayern als Sieger selbstverständlich – für den Sieger Spalier zu stehen. Ein Kommentator schrieb: »Wer es verlernt hat, zu verlieren, verletzt schon mal die Etikette.«[29] Ich fand das interessant, weil es zeigt: Dauersieger können nicht glücklich werden. Wer ständig nur gewinnt, weiß dies gar nicht mehr zu schätzen. Wer im Leben zu kämpfen hat, mit sich, mit Beruf und Familie, wer mit Herausforderungen unserer Gesellschaft ringt, mal Erfolge hat, mal Niederlagen – ein solcher Mensch lebt schlicht viel intensiver und wie ich meine glücklicher.

Ein Zeichen dafür ist auch, dass Psychologen festgestellt haben: »Hilfsbereitschaft und Empathie sind (demnach) gute Folgen schlechter Verhältnisse: In den unteren Bevölkerungsschichten sei man schlicht stärker aufeinander angewiesen und begreife sich mehr als Teil eines Kollektivs denn als Individuum, das sich irgendwie selbst verwirklichen sollte. Und wer in besonderem Maße auf andere angewiesen ist, profitiere

---

29 Klaus Hoeltzenbein: Machtwechsel in der Entenfamilie, Süddeutsche Zeitung, 22. Mai 2018.

stark davon, die Gefühle und emotionalen Zustände der Schicksalsgenossen lesen zu können ... Wohlhabende Menschen offenbaren hingegen in Studien oft unangenehme Züge.«[30] Die Dauersieger, die Reichen und Erfolgreichen, verlernen also offenbar die Solidarität. In der Konsequenz heißt das ja auch: Rückschläge im Leben machen uns sensibler für andere Menschen, sie setzen Energie frei für mehr Engagement.

Insofern: Diese ständige Suche nach dem perfekten Leben, dem absoluten Glück kann vollkommen am Leben vorbeiführen. Wenn die härteren Lebensabschnitte durchzustehen sind, hilft das wenig, das weiß ich. Es ist ein Beistand, der nicht so tief bei uns ankommt: »Es kommen bessere Tage.« Aber es ist eine Altersweisheit. Ein Freund sagte mir neulich: »Wenn ich gewusst hätte, dass ich noch einmal so glücklich werden könnte wie heute, wäre ich damals nicht so unglücklich gewesen.« Ich musste lachen, denn genau das ist ja Lebenserfahrung. Vielleicht brauchen wir Älteren ein bisschen Übung darin, den richtigen Ton zu finden, um sie zu vermitteln, damit sie nicht wie billiger Trost oder gar Vertröstung klingt.

Es wird oft gesagt, wer Visionen hat, sei naiv oder solle zum Arzt gehen (ein Zitat, das Helmut Schmidt zugeschrieben wird). Das halte ich für eine Fehleinschätzung. Wir brauchen große Visionen von einem guten Leben. Wir brauchen Träumer wie Mose oder Martin Luther King. Wir brauchen Hoffnungsbilder von

---

30 Sebastian Herrmann: Die feinen Schlucker, Süddeutsche Zeitung, 19. Mai 2018.

Nächstenliebe und Barmherzigkeit, wie Jesus sie in seinen Gleichnissen überliefert hat, um querzudenken, um neue Wege zu wagen, wo andere starr am Alten festhalten. Wir brauchen Hoffnung auf Gerechtigkeit und Frieden, die uns antreibt in kleinen Schritten weiterzugehen, auch wenn momentan alles sinnlos erscheint. Und wir müssen diese kleinen Schritte einordnen in ein großes Ganzes. Das meine ich auch mit der Glaubenstradition, in die ich mich eingebunden fühle. Mir ist doch völlig klar, dass ich nicht die ganze Welt verändern kann. Aber Zeichen setzen, kleine Schritte gehen, das können alle, und das sollte auch von allen erwartet werden. Niemand muss sich selbst zum Herkules erklären, der ständig Heldentaten vollbringt. Da sind Demut und Bescheidenheit schon eher angebracht. Aber gar nichts zu unternehmen, weil jemand denkt, er hätte nichts beizutragen oder könne nichts vollbringen, das ist auch nicht der richtige Weg.

Es ist wichtig, das weiterzugeben: Du kannst an dem Ort, an dem du gerade stehst, deine Gaben in das große Ganze einbringen. Da bist du gefragt, dafür trägst du Verantwortung, aber das wird dir auch zugetraut. Und wenn du scheiterst, es Rückschläge gibt, du die Ziele aus den Augen verlierst, sind das lediglich Etappen, die zum Leben dazugehören. Es wird weitergehen. »Sei getrost und unverzagt …«

Für mich war diese Ermutigung, die Mose Josua gibt, eine gute Grundlage der Predigt in meinem Abschiedsgottesdienst am 30. Juni 2018. Er fand in der Marktkirche Hannovers statt, dem Ort, an dem ich am

4. September 1999 als Bischöfin eingeführt wurde. Landesbischof Meister und die stellvertretende Ratsvorsitzende der EKD Annette Kurschus haben mich entpflichtet, es folgte eine schöne Feier auf dem Marktplatz, bei der Friederike von Kirchbach noch einmal an meine Zeit als Generalsekretärin des Kirchentages erinnerte. Somit hat sich auch beruflich ein Kreis geschlossen, so wie auch privat mit der Geburt der Enkelkinder die nächste Generation antritt. Ich war gern und mit Leib und Seele Pfarrerin, Studienleiterin, Generalsekretärin, Bischöfin, Ratsvorsitzende, Reformationsbotschafterin. Und bin dankbar, so ein erfüllendes Berufsleben gehabt zu haben. Gewiss werde ich noch hier und da predigen, mal einen Vortrag halten oder einen Artikel schreiben. Aber so eine »Entpflichtung« ist auch hilfreich: Es ist ab jetzt nicht mehr Pflicht, sondern Kür. Die für unsere Kirche anstehenden Aufgaben kann ich getrost anderen überlassen. Und sie ermutigen, unverzagt zu sein, auch wenn nicht immer alles gelingt – und auch wenn unsere Kirche gewiss schwierige Zeiten vor sich hat.

Lebenserfahrung aber bedeutet ja auch: Wir werden das gelobte Land wahrscheinlich immer nur von ferne sehen. Es wirklich zu erreichen, würde doch auch der Hoffnung und der Sehnsucht, die uns im Leben antreiben, ein Ende setzen. Es tut ja auch gut, Ziele zu haben, Herausforderungen anzunehmen, sich zu engagieren. Ein Paradies auf Dauer zu haben, das wäre wohl in der Tat langweilig, vielleicht, wie Nietzsche meint, sogar für Gott …

8. Abschiedlich leben – eine Frage der Haltung

Als meine Mutter im Alter von 91 Jahren starb, war meinen Schwestern und mir sehr bewusst: Wir sind jetzt die älteste Generation. Wir alle waren inzwischen auch selbst schon Großmütter. Das macht aber auch nochmals deutlich, dass für einen selbst nun die letzte Lebensetappe ansteht. Als ich das in einem Gespräch kürzlich erwähnte, wurde ganz schnell abgewiegelt: Lass uns über fröhlichere Themen sprechen! Das geht nach dem Motto: Meine Güte, ich könnte noch lange leben. Wer denkt denn schon negativ? Ich fühle mich forever young!

Dabei ist doch wichtig, über den Tod auch zu sprechen. Wie viel wird über Geburten gesprochen! Die Angst davor, aber auch die Freude darauf. Weil jede Geburt ein einzigartiges Erlebnis ist. Und so ist eben auch jedes Sterben ganz und gar einzigartig. Ich will ja nun gar nicht sagen, die Menschen sollten sich auf den Tod freuen. Aber er betrifft uns alle, und wir können doch darüber reden. Ich kann ganz und gar nicht verstehen, wenn selbst Paare nicht darüber sprechen, obwohl einer von beiden schwer krank ist. Alles, was wir tabuisieren, bekommt erst recht große Macht über uns.

Eigentlich habe ich nicht wirklich Angst vor dem Tod. Klar, ich möchte mich nicht lange quälen müssen, wer will das schon. Aber so, wie ich manche habe sterben sehen, kann der Tod gerade für einen Menschen, der ein volles Leben gelebt hat, doch auch ein friedlicher Abschied sein. Bei einem Kind oder einem jungen Menschen, der stirbt, ist das doch ganz etwas anderes. Da betrauern wir ja auch, dass so viele Jahre nicht gelebt werden können.

In einem Artikel hat mir ein Journalist einmal Naivität vorgeworfen. Ich würde den Tod banalisieren, das Sterben seiner Frau aber sei voller Schmerzen gewesen. Ich kann das nicht wirklich nachvollziehen. Denn die Palliativmedizin kann heute ein Sterben ohne Schmerzen ermöglichen. Und wenn ich festlege, dass ich nicht mit einer Magensonde ernährt werden will, mir keine Flüssigkeit zugeführt werden soll, dann tritt der Tod relativ zügig ein. Angehörige haben dann oft die Befürchtung, sie ließen den sterbenden Menschen verdursten. Und dann wird der Tod hinausgezögert, weil intravenös Flüssigkeit zugeführt wird, obwohl ein Benetzen der Lippen viel sinnvoller wäre.

Solche Fragen müssen geklärt werden, und zwar möglichst rechtzeitig, bevor die akute Situation eintritt. Ich habe deshalb vor ein paar Jahren meinen vier Töchtern einen langen Brief geschrieben, in dem ich alles benannt habe, was zu klären ist. Wie ich mir meine Beerdigung vorstelle beispielsweise und wo sie die Adressen der Menschen finden, die benachrichtigt bzw. eingeladen werden sollten. Zwei Töchter haben eine Generalvollmacht für mein Konto, denn eine Beerdigung kostet Geld – auch um solche vermeintlich banalen Fragen geht es ja. Eine andere hat gemeinsam mit meiner besten Freundin die Betreuungsvollmacht und eine Kopie der Patientenverfügung, die beim Notar hinterlegt ist.

Vielleicht ist Altwerden schlicht eine Frage der Haltung. Du kannst es offensiv angehen oder nur die negativen Seiten sehen. Natürlich ist mir vollkommen bewusst, dass das Altwerden auch Belastungen mit sich bringt. Meine älteste Schwester sagte neulich am Telefon: Mit jeder Maläste denkst du, muss das jetzt auch noch sein? Aber sie ist wie ich dankbar für das, was möglich ist. Wir haben überlegt: Vielleicht ist Dankbarkeit die entscheidende Haltung? Oder auch Zufriedenheit. Wir haben festgestellt: Unsere Mutter hat uns das mitgegeben: dankbar zu sein, sich zu freuen an dem, was ist, und nicht ständig auf das zu schauen, was nicht ist.

Es kann sein, dass ich demnächst nicht mehr joggen kann – das wäre für mich ein herber Verlust an Lebensqualität. Ich weiß von anderen in meinem Alter, dass sich Inkontinenz einstellen könnte – kein schöner Gedanke. Ein älterer Kollege erzählte kürzlich intensiv über seine Zahnprobleme – darauf kann ich verzichten, danke. Und ich weiß, dass ich ein Glaukom habe. Meinem Augenarzt habe ich gesagt: Bitte sehen

Sie zu, dass ich nicht erblinde! Meine Großmutter hat das erlebt, und ich weiß, wie bitter das war.

Aber würde ich mir wegen einer solchen Einschränkung das Leben nehmen? Ich denke, nein. Als ich Ehrensenatorin der Universität Tübingen wurde, hat mich Hans Küng am nächsten Tag zum Frühstück eingeladen. Er hat mich heftig herausgefordert zur Frage der aktiven Sterbehilfe. Er habe die Mittel zur Seite gelegt, sich im Falle von Demenz das Leben zu nehmen. Ich verurteile das überhaupt nicht. Den Gedanken kann ich sehr gut nachvollziehen: Will ich nicht lieber selbstbestimmt meinem Leben ein Ende setzen, bevor ich dahinsieche? Aber ich habe ihm im Gespräch gesagt, dass der Mensch ja sehr wohl bestimmen kann, dass er beispielsweise nicht mit einer Magensonde ernährt wird. Und die Frage der Demenz, die Hans Küng so umtreibt, seit er seinen Freund Walter Jens hat sterben sehen? Demenz ist heimtückisch, keine Frage. Aber die Menschen gleiten ja selbst langsam hinein. Es sind, wo ich es erlebt habe, die Angehörigen, die es nur schwer mit ansehen können, wie der angesehene Gesprächspartner jetzt alles durcheinanderbringt, wirr redet oder ganz auf dem Niveau eines Kindes angekommen ist. Aber ob für ihn selbst das Leben nicht mehr lebenswert ist – wer will das entscheiden?

Ich habe viel über die befreiende Kraft des Lachens erzählt, und ich lache auch selbst gern, ich fühle mich sehr oft glücklich. Aber natürlich kenne ich auch

Ängste. Zum Beispiel die Angst um die Menschen, die ich liebe. Mir ist sehr, sehr bewusst, wie zerbrechlich, wie gefährdet das Leben ist. Und natürlich weiß ich um die Angst vor langem Siechtum, das will ich überhaupt nicht beschönigen.

Manchmal spiele ich auch mit dem Gedanken: Müsste es nicht möglich sein, sich die entsprechende Menge Gift zu besorgen, um eines Tages, sollte ich es für richtig befinden, meinem eigenen Leben ein Ende zu setzen?

Ein zorniger Mann schrieb mir einmal in einem Brief, das müsse allein schon erlaubt werden, um Lokführer endlich von dem Grauen der Selbstmörder auf Eisenbahngleisen zu erlösen. Ja, ich finde Suizid grausam. Gerade wenn andere so unmittelbar betroffen sind wie Lokführer. Aber auch für die Hinterbliebenen, die ein Leben lang an dieser Last tragen, sich zu fragen, ob sie das hätten verhindern können.

Und wenn praktisch alle Gift zur Verfügung hätten, wäre die Versuchung dann nicht zu groß? Die Versuchung, aufgrund einer Situation, die sich auch noch einmal verändern kann, jetzt direkt »Schluss« zu machen. Oder die Versuchung, in einer ökonomisierten Gesellschaft jemandem den Tod nahezulegen, weil die Kosten für medizinische Versorgung und Pflege vielleicht zu hoch werden? Letzteres würde ich in der Tat befürchten.

Eine ganz andere Frage ist es, ob der Sterbeprozess eines Todkranken in vertrauensvoller Abstimmung mit einer Ärztin oder einem Arzt medikamentös verkürzt werden kann. Das Bundesverwaltungsgericht in

Leipzig hat am 2. März 2017 entschieden, dass der Staat schwer kranken und sterbewilligen Patienten in Ausnahmefällen den Zugang zu einer tödlichen Dosis Betäubungsmittel für einen schmerzlosen Suizid nicht verwehren darf. Ich halte das für richtig. Wenn ein Mensch unheilbar krank ist, hat er auch das Recht, den Sterbeprozess zu verkürzen, denke ich.

Abschiedlich leben heißt für mich nicht, ständig den Tod vor Augen zu haben. Es geht mehr darum, ihm nicht so viel Macht zu geben. Wie bei Lord Voldemort in den Harry-Potter-Geschichten: der, dessen Namen nicht genannt werden darf. Über den Tod zu sprechen nimmt ihm einen Teil des Schreckens. Und miteinander zu sprechen, was uns das Sterben bedeutet, hilft auch, die Kostbarkeit des Lebens zu schätzen. Solche Gespräche, wenn sie sich ergeben, habe ich immer als sehr tief gehend empfunden. Das war neulich sogar bei einem Grillabend so. Ein Kinderarzt und ich kamen über einen Todesfall ins Gespräch, und bald war da eine Intensität im Austausch, die wir als Bereicherung empfunden haben. In dem Gespräch sagten dann zwei der anderen Anwesenden, ihre Asche solle auf jeden Fall auf See verstreut werden. Ich habe daraufhin von der einzigen Seebestattung erzählt, die ich je erlebt habe. Den Beteiligten wurde wegen des Seegangs durchweg sehr übel, wegen des Windes war das Asche-verstreuen gar nicht so einfach. Und am Ende war die Witwe unglücklich, weil sie nur eine Seekarte mit einem Kreuz in Händen hielt, aber keinen Ort hatte, zu dem sie im Gedenken gehen konnte. Auf jeden Fall habe ich ein flammendes Plädoyer für Friedhöfe im Ort gehalten, zu denen jeder Mensch kommen kann. Denn die berühmte »Urne im Bücherregal«, die viele so gern hätten, entzieht den Verstorbenen ja auch allen anderen, die an ihn denken wollen. Und Friedhöfe sind eben auch Orte des Friedens, weil wir mitten im tosenden Treiben des Lebens erinnert werden, worum es im Leben geht, wie verletzlich und endlich das Leben ist.

Im weiteren Verlauf unseres Gesprächs erzählte der Kinderarzt dann, dass er und seine Schwester bis heute das Grab ihres im Krieg gefallenen Vaters suchen. Sie wissen ungefähr, wo seine Maschine abgeschossen wurde, und haben seit Jahrzehnten versucht, herauszufinden, ob und wo genau er bestattet worden ist. Das war im Grunde das Gegenargument zum anonymen Verstreuen von Asche. Wir brauchen Orte der Trauer und des Abschieds, auch weil sie Anlass geben, über unseren eigenen Abschied nachzudenken.

Dabei darf es auch humorvoll zugehen, finde ich. In der biblischen Erzählung stellt Josef von Arimathäa sein Grab für Jesus zur Verfügung. Kürzlich erzählte jemand: »Nikodemus bittet Josef von Arimathäa, ihm die Grabstätte für Jesus zu geben. Der weigert sich erst, ist es doch für seine eigene Familie bestimmt. Nikodemus aber sagt: ›Reg dich nicht so auf, ist doch nur übers Wochenende!‹« Es hat bei mir etwas gedauert, bis der Groschen gefallen ist. Aber dann musste ich herzlich lachen. Auch über den Auferstehungsglauben lässt sich also humorvoll sprechen. Denn das ist bei Christinnen und Christen ja Teil des Glaubens: Wir sehen den Tod nicht als das absolute Ende, sondern als einen Schritt hin auf ein Leben in Gottes Zukunft. Wie das aussehen mag, weiß niemand. Aber daran glauben, dass mit dem Tod nicht alles aus ist, dürfen wir. Und selbst wenn andere sich darüber lustig machen, muss das meinen eigenen Glauben ja nicht erschüttern.

Manche glauben eher an Gesundheitsversprechen oder lassen ihre Zellen einfrieren, als wäre ein Klon unserer selbst eine andere Form von Auferstehung. Selbst wenn ein solches Klonen eines Tages auch beim Menschen erlaubt sein sollte, wäre es doch nie absolut dieselbe Person, die dann entsteht – weil uns auch unsere Lebensumstände, unsere Beziehungen, unsere Gesellschaft und unsere Bildung prägen. Auferstehung heißt für mich, dass es eine neue Existenz gibt, in welcher Form auch immer.

Martin Luther soll einmal gesagt haben, wenn morgen die Welt unterginge, würde er heute noch ein Apfelbäumchen pflanzen. Ob Legende oder nicht, es zeigt eine besondere Lebenshaltung. Um Hoffnung auf Zukunft, trotz der eigenen Endlichkeit, darum geht es. Auch wenn wir sterben, wird das Leben ja weitergehen. Und deshalb versuchen wir, nachhaltig zu leben. Natürlich sind Kinder und Kindeskinder solche Apfelbäumchen, sie zeigen den Kreislauf des Lebens an. Aber auch Menschen ohne Kinder und Enkel können solchen Frieden mit dem eigenen Dasein finden, wenn sie im Leben nicht nur genommen, sondern auch gegeben haben. Und wenn sie weitergeben, was ihnen am Herzen liegt.

Niemand von uns kennt seinen Todeszeitpunkt. Was wäre, wenn du den genauen Tag wüsstest? Was würdest du dann noch tun, was würdest du noch erledigen wollen, was möchtest du gesagt haben, bevor du stirbst? Wenn wir so denken, könnten wir doch genau das heute sagen und tun. So als wäre am Abend des Tages tatsächlich ein für alle Mal Schluss. Sollten wir dann noch lange weiterleben, haben wir das, was getan oder gesagt wurde, zumindest nicht versäumt.

Und es ist gut, den Tag nicht zu beenden, ohne Frieden miteinander geschlossen zu haben. Wenn ich bei Beerdigungsgesprächen mitbekommen habe, dass Verstorbene in tiefem Streit und unversöhnt gegangen sind, konnte ich das nie verstehen. »Haltet Frieden untereinander«, heißt es in der Bibel (1. Thess 5,13). Das ist ein sehr, sehr weiser Rat!

Mose, der das gelobte Land noch sieht, aber nicht mehr betreten wird, zeigt: Eine Generation tritt ab, die nächste gestaltet weiter. Es ist bemerkenswert, wie Mose alles regelt. Er nimmt sich Zeit, zu ordnen, was zu ordnen ist, und weiterzugeben, was ihm am Herzen liegt. So segnet er die Menschen, die ihm besonders wichtig sind. Am Ende gibt es kein Wort des Bedauerns, sondern er stirbt in Frieden.

30 Tage, so heißt es, weinten die Israeliten um ihn, »bis die Zeit des Weinens und Klagens über Mose vollendet war« (5. Mose 34,8). Auch hier eine große Klarheit. Das Leben ist vollendet. Alles ist geordnet. Trauer hat ihren Ort und ihre Zeit, und dann geht das Leben

weiter. So hat es Mose gesehen. So hat er Gott verstanden. Und so halten es die Hinterbliebenen.

Meinen 60. Geburtstag jedenfalls habe ich bei bester Gesundheit und voller Glück gefeiert. Menschen, die mir sehr nahe sind, waren dabei, wir haben geteilt, was war, und auf das Leben angestoßen: L'Chaim!

Ich weiß nicht, wie die kommenden Jahre aussehen werden. Für mich sind es erst einmal wirklich schöne Aussichten, was sich abzeichnet: mehr Zeit zu haben, weniger Druck, mehr Freiheit, weniger Pflichtprogramm. Und ich nehme mir auch die Freiheit, mich absolut nicht festzulegen, wie ich diesen letzten Lebensabschnitt gestalten will. Das ist ja nun gerade das Schöne an dieser Lebensphase: Du musst nicht mehr, aber du kannst und darfst.

Ich habe losgelassen, was mich beruflich gebunden hat, und schaue zufrieden auf mein Leben zurück, mit allen Höhen und Tiefen. Es gab wirklich schwierige Phasen in der Zeit der Krebserkrankung, der Scheidung und des Rücktritts. Im Moment aber habe ich den Eindruck, es ist die beste Zeit überhaupt. Meine Kinder sind selbstständig. Die Enkelkinder vertiefen das Glück. Ich habe Freundinnen und Freunde, viele Bekannte, mit denen ich hoffentlich noch viele gute Tage erleben kann. Und ich bin zudem gesund. Was kann sich ein Mensch mehr erhoffen? Auf jeden Fall bin ich sehr, sehr dankbar.

Natürlich ist mir vollkommen bewusst, dass irgendwann eine Phase folgen wird, in der es heißt: Das kann ich nicht mehr. Ich wünsche mir, dass ich das dann ohne ein Bereuen sagen kann, weil ich ja wahrhaftig sehr vieles ausprobieren und auch wagen durfte. Ob ich meinen 70. feiern werde, das weiß ich nicht. Es kann sein, dass das Leben vorher endet oder ich dann zu krank oder zu schwach bin, zu feiern. Deshalb habe ich mit allergrößtem Vergnügen meinen 60. gefeiert. Und ich bin froh, glücklich und dankbar, dass das so möglich war.

Das Leben ist endlich, gerade das macht es ja so besonders. Wenn wir alle ewig leben würden, das würde uns gewiss nicht glücklicher machen. Damit will ich den Schmerz der Abschiede im Alter nicht kleinreden und auch nicht so tun, als sei der Tod kein grausamer Einschnitt. Aber ich will ihm nicht die Macht geben, mich zu ängstigen. Und ich wünsche mir, dass meine Kinder, meine Enkel, die Menschen, die ich liebe, wissen, dass ich gut und gern gelebt habe.

Enden möchte ich mit Johann Wolfgang von Goethe, Freudvoll und leidvoll. Es entspricht meinem Lebensgefühl, was er schrieb – auch so viele Jahrhunderte später:

> *Freudvoll*
> *Und leidvoll,*
> *Gedankenvoll sein,*
> *Langen*
> *Und bangen*
> *In schwebender Pein,*
> *Himmelhoch jauchzend,*
> *Zum Tode betrübt,*
> *Glücklich allein,*
> *ist die Seele die liebt.*

L'Chaim! Auf das Leben ...

Seid getrost und unverzagt!
5. Mose 31,6

*Auszug aus der Predigt
beim Verabschiedungsgottesdienst
in Hannover am 30. Juni 2018*

Ein Freund sagte neulich: »Wenn ich gewusst hätte, dass ich noch einmal so glücklich werden könnte wie heute, wäre ich damals nicht so unglücklich gewesen.« Ich musste lachen, denn genau das ist ja Altersweisheit.

Ja, wir brauchen Hoffnungsbilder von Nächstenliebe und Barmherzigkeit. Jesus hat sie in seinen Gleichnissen wunderbar überliefert. Sie helfen uns, querzudenken, neue Wege zu wagen, wo andere starr am Alten festhalten. Wir brauchen Hoffnung auf Gerechtigkeit und Frieden, die uns antreibt, in kleinen Schritten weiterzugehen, auch wenn momentan alles sinnlos erscheint. Wir können unsere kleinen Schritte einordnen in ein großes Ganzes, in die Hoffnung auf das gelobte Land. Das gilt auch für unsere Kirche.

Letzten Samstag war ich bei einem Konzert von Billy Joel. Mehrere Zehntausend Menschen waren glücklich, haben mitgesungen, sich angelächelt – und sogar noch dafür bezahlt! Hmmm, habe ich gedacht, das müsste unsere Kirche doch auch können! Wir haben ja noch viel Bewegenderes zu vermitteln als diese in der Tat großartige Musik. Es geht um Lebenssinn, den Bezug zu Gott, den Glauben an Jesus, der am Kreuz starb und dem wir uns deshalb anvertrauen können im Leben und im Sterben. Ich wünsche mir, dass wir als Christinnen und Christen, als Kirche diese Botschaft fröhlich, lebensnah, mit Begeisterung vermitteln.

Lebenserfahrung bedeutet aber auch: Wir werden das gelobte Land immer nur von ferne sehen, die perfekte Kirche wohl auch. Es wirklich zu erreichen würde doch auch der Hoffnung und der Sehnsucht, die uns im Leben antreiben, ein Ende setzen. Es tut gut, Ziele zu haben, Herausforderungen anzunehmen, sich zu engagieren. Getrost sein, getröstet also, das heißt doch: Rückschläge gibt es. Haltet das aus! Stellt euch in eine Reihe mit unseren Müttern und Vätern im Glauben. Gebt die Hoffnung nicht auf, dass unsere Welt eine bessere werden kann. Wir brauchen Weltverbesserer, auch wenn das für manche inzwischen ein Schimpfwort ist.

Seid unverzagt!
Verzagen wir nicht als Kirche angesichts der Herausforderungen. »Wir sind es nicht, die die Kirche erhalten«, das wusste schon Martin Luther. Gott erhält die Kirche und wird bei uns sein bis an der Welt Ende. Also los, auf, nicht zurückziehen, sondern mutig Gottes Wort in die Welt tragen. Damit können wir anecken, o ja! Aber genau das ist nötig in einer so verzagten Welt, die nur noch Probleme sieht, die nur noch auf das Misslingen starrt, sich aber nicht mehr an dem freut, was möglich ist.

Anders als all die Schlechtredner, Miesmacher, Gewaltandroher, Rassisten, Menschenrechtsverächter und Freiheitsfeinde werden wir die Vision vom gelobten Land immer wieder in kleinen Schritten umsetzen. Und wir werden uns nicht entmutigen lassen, denn wir haben Hoffnungsbilder. Gerechtigkeit und Frieden werden sich küssen. Sie werden nicht mehr lernen, Krieg zu führen. Selig sind, die reinen Herzens sind. Diese Hoffnungsbilder werden uns tragen und auch die Generationen, die nach uns kommen. Insofern: »Seid getrost und unverzagt!«
Amen.

Foto: Julia Baumgart / ekd

Über die Autorin

Margot Käßmann, Prof. Dr. theol., Dr. h. c., Jahrgang 1958, ist evangelisch-lutherische Theologin und Pfarrerin. Sie war von 1999 bis 2010 Bischöfin der Evangelischen Landeskirche in Hannover und 2009/2010 Ratsvorsitzende der Evangelischen Kirche in Deutschland. Davor war sie Gemeindepfarrerin, Studienleiterin der Evangelischen Akademie Hofgeismar und Generalsekretärin des Deutschen Evangelischen Kirchentags. Von April 2012 bis Oktober 2017 wirkte sie als »Botschafterin des Rates der EKD für das Reformationsjubiläum 2017«. Seit dem 1. Juli 2018 ist sie im Ruhestand. Margot Käßmann ist Mutter von vier erwachsenen Töchtern und sechsfache Großmutter.

Wir danken den folgenden Verlagen für die Erteilung der Abdruckgenehmigung.

S. 17   S. 17 Henri J. M. Nouwen, Leben im Hier und Jetzt: Jahreslesebuch (HERDER spektrum, Band 6396) © 2005, 2008, 2012, Verlag Herder, Freiburg im Breisgau.

S. 47   Joachim Fuchsberger, Altwerden ist nichts für Feiglinge © 2011, Gütersloher Verlagshaus, Gütersloh, in der Verlagsgruppe Random House, München.

S. 115 Mascha Kaléko: In meinen Träumen läutet es Sturm. © 1977, dtv Verlagsgesellschaft, München.

S. 144 Martin Luther King: Freiheit – Aufbruch der Neger Nordamerikas, Busstreik in Montgomery; © J.G. Oncken Verlag Kassel, 1964 (Titel des amerikanischen Originals: Stride Toward Freedom, Verlag Harper & Brothers, New York © 1958 by Martin Luther King, Jr.) Dritte Auflage, 1964, Seiten 78f.

»Ich habe einen Traum ...«

Margot Käßmann schreibt über ihr großes Vorbild Martin Luther King. 1964 erhielt er wegen seines Engagements für soziale Gerechtigkeit den Friedensnobelpreis. Er war fromm und politisch zugleich, jemand, der sich mit den herrschenden Verhältnissen nicht abfinden wollte. In vielen Textauszügen lässt Margot Käßmann Martin Luther Kings Botschaft für heute lebendig werden – und ist davon überzeugt: »Ganz anders könnten wir leben!«

Margot Käßmann

Ganz anders könnten wir leben
Warum Martin Luther King mein großes Vorbild ist

96 Seiten · Hardcover mit Schutzumschlag
ISBN 978-3-96340-002-5
€ [D] 12,99 · € [A] 13,40

Die autorisierte Biografie

Die bewegende Lebensgeschichte der »Bischöfin der Herzen«: Uwe Birnstein, ein langjähriger Wegbegleiter, ist gemeinsam mit Margot Käßmann an die Stätten ihrer Kindheit gefahren. Sie gewährte ihm Einblick in private Fotoalben und verschlossene Erinnerungsschatullen. Auf diese Weise ist ein feinfühliges Porträt entstanden, das viele unbekannte Seiten Margot Käßmanns zeigt.

Mit zahlreichen unveröffentlichten Fotos aus dem Privatarchiv von Margot Käßmann.

Uwe Birnstein

Margot Käßmann – Folge dem, was dein Herz dir rät
Biografie

224 farbige Seiten · Hardcover mit Schutzumschlag · Mit mehr als 100 Fotos
ISBN 978-3-96340-000-1
€ [D] 19,99 · € [A] 20,60

Originalausgabe September 2018
© 2018 bene! Verlag
Ein Imprint der Verlagsgruppe
Droemer Knaur GmbH & Co. KG, München.
Alle Rechte vorbehalten.
Das Werk darf – auch teilweise – nur mit
Genehmigung des Verlags wiedergegeben werden.
Lektorat: Stefan Wiesner
Cover- und Innengestaltung: Maike Michel unter Verwendung eines
Fotos von Markus Tedeskino
Umschlagfoto: Jonathan Cater / Shutterstock.com
Fotos im Innenteil: A. Helm
Druck und Bindung: GGP Media GmbH, Pößneck
ISBN 978-3-96340-010-0